中国古代民间习俗

徐　潜\主　编

张　克　崔博华\副主编

高英慧　于　元\编　著

吉林出版集团一吉林文史出版社

图书在版编目（CIP）数据

中国古代民间习俗 / 徐潜主编 . —长春：吉林文史出版社，2013.3（2025.8重印）

ISBN 978-7-5472-1511-1

Ⅰ.①中… Ⅱ.①徐… Ⅲ.①风俗习惯-中国-古代-通俗读物 Ⅳ.①K892-49

中国版本图书馆 CIP 数据核字（2013）第 062845 号

中国古代民间习俗
ZHONGGUO GUDAI MINJIAN XISU

主　　编	徐　潜
副主编	张　克　崔博华
责任编辑	张雅婷
装帧设计	映象视觉
出版发行	吉林文史出版社有限责任公司
地　　址	长春市福祉大路 5788 号
印　　刷	唐山富达印务有限公司
版　　次	2013 年 3 月第 1 版
印　　次	2025 年 8 月第 5 次印刷
开　　本	720mm×1000mm　1/16
印　　张	9
字　　数	250 千
书　　号	ISBN 978-7-5472-1511-1
定　　价	68.00 元

序　言

民族的复兴离不开文化的繁荣,文化的繁荣离不开对既有文化传统的继承和普及。该书就是基于对中国文化传统的继承和普及而策划的。我们想通过这套图书把具有悠久历史和灿烂辉煌的中国文化展示出来,让具有初中以上文化水平的读者能够全面深入地了解中国的历史和文化,为我们今天振兴民族文化,创新当代文明树立自信心和责任感。

其实,中国文化与世界其他各民族的文化一样,都是一个庞大而复杂的"综合体",是一种长期积淀的文明结晶。就像手心和手背一样,我们今天想要的和不想要的都交融在一起。我们想通过这套书,把那些文化中的闪光点凸现出来,为今天的社会主义精神文明建设提供有价值的营养。做好对传统文化的扬弃是每一个发展中的民族首先要正视的一个课题,我们希望这套文库能在这方面有所作为。

在这套以知识点为话题的图书中,我们力争做到图文并茂,介绍全面,语言通俗,雅俗共赏。让它可读、可赏、可藏、可赠。吉林文史出版社做书的准则是"使人崇高,使人聪明",这也是我们做这套书所遵循的。做得不足之处,也请读者批评指正。

编　者

2014 年 2 月

目　录

清明与寒食

清明节是中国重要的传统节日，从时间上说，大致是农历三月的前半月，而公历是每年4月5日前后，此时正是梨花落后的季节，故有"燕子来时春社，梨花落后清明"的说法。寒食大致在清明的前一两天（也有三天之说）。"寒食花开千树雪，清明火出万家烟。"到了唐代，寒食与清明两节由于日期相近，便逐渐融为一体，后世随着时间的迁移，逐渐把寒食的习俗移到清明之中。

一、寒食节的起源

（一）寒食传说

春秋时期，晋国国君晋献公的大儿子叫重耳。继母骊姬想让自己的儿子奚齐继承国君，千方百计要害死重耳。重耳不得已只好逃出晋国，在外边过着逃亡的生活。跟随他出逃的还有一些文臣武将。

晋献公死后，重耳的异母弟弟夷吾做了国君，就是晋惠公。晋惠公觉得哥哥重耳虽然逃亡在外，但终究是祸害，不把他除掉，自己的地位早晚要不稳。他就派了几个身强力壮的武士，秘密去刺杀重耳。没想到这件事走漏了风声，有人急忙去给重耳送信。

当时，重耳正在狄国住着，得知这个消息后，慌忙召集他的随从，商量往齐国逃跑。忙乱之中，行李和盘缠都叫一个赶车的给偷跑了。一群人急急忙忙逃出来，因为没有行李盘缠，一路上只得乞讨为食。时时刻刻提心吊胆，只怕有人来追杀他们，就这样跑了六七天。这一天，来到卫国的郊外，这里前不着村，后不挨店，连个人影也看不见。六月的天气，又是大中午，太阳像个火球似的，烤得人浑身难受。他们从早晨到中午，跑了几十里路，还滴水未进，又饥、又渴、又热、又累，真是人困马乏。特别是重耳，哪吃过这种苦，已经是有气无力，走一步都十分困难了。重耳看见前面有棵大树，用手指了指说："咱们到大树下歇一歇，找点吃的。"刚到大树底下，重耳连饿带累就瘫倒在地，昏过去了。众人急忙将重耳救醒。于是，几个人分头去找吃的，剩下的都横七竖八地躺在地上歇着。

出去找吃食的人陆续回来了，都是两手空空。连个人家都没有的地方，到

中国古代民间习俗

哪里去找吃的？众人看着重耳都发愁了，怎么办？大家出来就是为了保护重耳，他要是有个三长两短的，那不就前功尽弃了吗？正在为难，只见一个叫介子推的武将，双手端着一个冒着热气的盆儿，一瘸一拐地走过来。到跟前一看，是一盆儿肉汤，大伙儿赶忙把重耳扶起来，把肉汤端给他。重耳一见是肉汤，不问青红皂白，一下吃了个精光。吃了以后，人也有了精神。猛然，他觉得有些不对劲儿，忙问："这种地方，你怎么弄来的肉汤？"

介子推回答："是我大腿上的肉。"

重耳一听，吃了一惊，众人也都是一愣，怪不得刚才回来时一瘸一拐的。重耳的泪顺着脸流下来，说："都是我连累了你，连累了大家，让我以后怎么报答你呀？"介子推说："我们但愿你早归晋国，当一个好国君，使百姓安居乐业，并不想让你怎么报答。"

重耳含泪，连连点头。这时，又有一个人弄来些稀粥，大家分着吃了些，急忙往前赶路。

重耳一伙饥一顿、饱一顿地总算到了齐国。齐国国君齐桓公正在笼络各路诸侯，想建立霸业，所以，就把他们收留和保护起来。

后来，重耳在齐国和秦国的帮助下，返回了晋国，当了国君，就是晋文公。晋文公即位以后，曾在晋惠公手下做过大夫的吕省、郤芮发动了叛乱，晋文公又调兵遣将，平息了这次叛乱，国内总算安定下来。

晋文公随后举行了复国封赏大典，原来跟随他逃难的难兄难弟，全都加官进爵，成了晋国显赫一时的人物。那些同情过、接济过他的人也都做了官，投降归附的旧臣也都作了适当安排，又下令寻找那些该封赏而没有受到封赏的人。

在封赏中，人们没有看见跟随文公一起出逃的介子推，都觉得很奇怪。原来，重耳回到晋国以后，介子推只随群臣朝见了一次，就回家了。介子推这个人很正直，很看不惯朝里有些人专靠阿谀奉承过日子，不愿意和他们在一起。他还有个老母亲六十多岁了没人照顾，介子推很孝顺，就假说有病，回家和老母亲一起生活。自己耕种

田地，闲了就打草鞋卖。介子推很长时间不在朝里，晋文公论功行赏时，就把他给忘了。

介子推有个邻居，名叫张解。看到介子推没有得到封赏，很是愤愤不平，就到介子推家报告消息，让他去请赏。介子推只是微微一笑，没有作声。老母亲听到这个消息，喜上眉梢，说："儿啊，你跟重耳逃难十九年，历尽千辛万苦，又有功劳，为什么不请赏，难道享荣华富贵不比你成天弯腰织草鞋卖强吗？"

介子推说："重耳能当国君是上天的意思，现在有的人争权夺利，真不知羞耻。我宁愿终身打草鞋养活老母亲，也不敢贪天之功为己有，去争一官半职。"

老母亲又说："儿啊，你不愿当官，去说一说也好嘛，不要埋没了你的功劳。"介子推说："我既然不想当官，不想得利，见他做什么呢？"

老母亲见他态度坚决，也就不说什么了。介子推想了想，对母亲说："我非常喜爱绵山，那里山高水清，土地肥沃，森林茂密，正适合我们居住。"

母子二人商量好以后，收拾了一些简单行装，介子推背着老母亲上了绵山。

张解心里总为介子推没得到封赏不平，他就写了一篇诗文，挂到文武百官来来往往的朝门上。有人看了不知说的什么，就揭下来送给文公，文公接过来一看，只见上面写着：

蛟龙失掉了主子的宠爱，没有深潭可以躲藏。众蛇曾随他周游各地，有一天蛟龙饿得昏了过去。一条蛇把自己的股肉献上，蛟龙吃了才有力气继续逃亡。蛟龙重新返回深潭，众蛇也住进了新房。只有一条蛇仍无住处，背负老母流落荒野，十分悲伤。

文公看罢，恍然大悟，说："哎呀，我怎么把介子推给忘了，真是老糊涂了。"急忙派人去召介子推，但介子推早走了。文公就把张解找来，询问介子推的下落。张解把介子推逃封的情况说了，答应领路去找。晋文公当下备车驾马，亲自率领文臣武将去寻找介子推。

大队人马来到绵山，找了好几天，也没个踪影。有人建议说："介子推最孝顺，要是放火烧森林，他一定会背着母亲跑出来。"文公觉得这也是个办法，就下令放起火来。火乘风势，风助人威，漫天大火烧了三天才灭，可是始终没见介子推出来。文公又派人搜山，只见他们母子二人相抱在一起，烧死在一棵大柳树下。晋文公望着介子推的尸体哭拜一阵，然后安葬遗体，发现介子推脊梁堵着个柳树树洞，洞里好像有什么东西。掏出一看，原来是片衣襟，上面题了一首血诗，诗云：

> 割肉奉君尽丹心，但愿主公常清明。
>
> 柳下作鬼终不见，强似伴君作谏臣。
>
> 倘若主公心有我，忆我之时常自省。
>
> 臣在九泉心无愧，勤政清明复清明。

晋文公将血书藏入袖中。然后把介子推和他的母亲分别安葬在那棵烧焦的大柳树下。为了纪念介子推，晋文公下令把绵山改为"介山"，在山上建立祠堂，并把放火烧山的那一天定为寒食节，晓谕全国，每年这天禁忌烟火，只吃寒食。

走时，他伐了一段烧焦的柳木，到宫中做了双木屐，每天望着它叹道："悲哉足下。""足下"是古人下级对上级或同辈之间相互尊敬的称呼，据说就是来源于此。第二年，晋文公领着群臣，素服徒步登山祭奠，表示哀悼。行至坟前，只见那棵老柳树死树复活，绿枝千条，随风飘舞。晋文公望着复活的老柳树，像看见了介子推一样。他敬重地走到跟前，珍爱地掐了一下枝，把柳枝编了一个圈儿戴在头上。祭扫后，晋文公把复活的老柳树赐名为"清明柳"，又把这天定为"清明节"。

以后，晋文公常把血书带在身边，作为鞭策自己执政的座右铭。他勤政清明，励精图治，把国家治理得很好。此后，晋国的百姓得以安居乐业，对有功不居、不图富贵的介子推非常怀念。每逢他死的那天，大家禁止烟火来表示纪念。还用面粉和着枣泥，捏成燕子的模样，用杨柳条串起来，插在门上，召唤他的灵魂，这东西叫"之推燕"（介子推亦作介之推）。此后，寒食、清明成了全国百姓的隆重节日。每逢寒食，人们不生火做饭，只吃冷食。在北方，老百姓只吃事先做好的冷食，如枣饼、麦糕等；在南方，则多

为青团和糯米糖藕。每到清明，人们把柳条编成圈儿戴在头上，把柳条枝插在房前屋后，以示怀念。

虽然传说不等于现实，但从传说中却也看出了清明与寒食两个节日之间的紧密联系，这是值得注意的，也是这个传说的价值所在。另外，从古代的典籍资料上看，寒食节确有禁火、吃寒食、祭祀扫墓这些风俗习惯，介子推的传说不过是人们将这些风俗通过想象串联在一起罢了，如单就传说真实与否讨论不休的话，反倒是吹毛求疵了。

（二） 历史上的寒食

离开传说，让我们客观分析一下寒食这个节日，其产生应该与古代的星辰崇拜有关。按照地理方位看，山西太原地区相对应的是属水的参星。但是到了春天，火属性的晨星力量变强，一天天变得明亮，这对于山西太原一带人自己的属星显然不利，所以他们纷纷采取断火的手段来削弱"火"的影响，以此增强自己水属性的参星的力量。这是山西太原地区最早而且长时期流行寒食的一个主要原因，而介子推本就是山西一带的人，这样看，传说的产生也就合情合理了。

寒食在东汉末期主要在山西地区流行，汉代刘向的《别录》就记载了当时逢寒食有踢球的习俗。再后来，后汉末至南北朝，介子推被焚的传说被附会于寒食。这一附会对寒食的普遍流行起到了推动作用。因为这一传说中凸显了当时的三种道德标准——忠、德、孝。介子推伴重耳流亡十九年，割股啖君，忠心可表；功成身退，不求君主回报恩情，隐居山林，堪称有德之士；亲身服侍老母，孝心可嘉。这样高尚的品格无疑是人人都要推崇的，传说所到之处自然人人皆生敬畏之心。介子推就如同神明一般，不仅是其友人知交应该禁火祭奠，所有崇尚其品格的人也应对其表示敬仰。这样，一个地方性的风俗很快波及全国，并成为中华民族的一种文化信仰。

尤其是介子推的家乡——山西地区，其盛行程度已达"每冬中辄一月寒食，莫敢烟爨，老小不堪，岁多死者"的程度。北方苦寒，数日或一个月不生火，人们如何忍受？东汉周举当并州刺史时，所属太原一郡的百姓认为，介子推被火烧死，所以为祭奠他，在特定的一个月里，没有人生火，只吃先前准备好的冷食。这一个月偏偏还在隆冬，太原地处北方，气候异常严寒，一个月不生火，日子何等难过？别的不说，这期间只吃冷食，青壮年尚且吃不消，老弱病残如何能熬得过来？周举知道后，便准备革此陋俗。他写了一篇文章，放到介子推的庙里。文章说：严冬灭火，严重地损害了百姓的健康，这不是像您这样的贤者的本意，应当让人们不再隆冬灭火。周举又向百姓宣传，强调禁火伤身体，不是介子推这样的贤者所喜欢的，他若是看到也不会同意的，叫他们不必在介子推死亡的这一月禁火寒食。这样一来，"众惑稍解，风俗颇易"。（《后汉书·周举传》）

可是这样算起来，介子推被烧死、当地百姓禁火寒食，都是在隆冬，而不是我们今天所认为的清明前夕的那段时间。到曹操时，山西太原、上党、西河、雁门等地，又在冬至后第一百零五天，绝火寒食。（见曹操《阴罚令》）冬至后第一百零五天，正好是清明前夕。曹操当政是在东汉末年，与周举当并州刺史的时候，相隔也只有那么五六十年，怎么太原等地，在周举当刺史时，在隆冬禁火寒食，而到了曹操当政时，则在冬至后第一百零五天禁火寒食了？是为了响应周举的号召，又不肯废弃传统，就选择折中的办法，将时间后移，减轻禁火寒食所造成的种种困难，将损失减少到最小。这样解释看似合乎情理，可为什么不把时间干脆拖延到盛夏，那时不生火、吃冷食岂不是更舒服？这样看来，将时间移到冬至后第一百零五天是有其专门安排的。

这样安排的原因大概有两个：第一，此时在古代是"修火禁"期间。《周礼·秋官》中规定，每年仲春二月要"修火禁"。这种所谓"修火禁"，并不是"禁火"，即禁绝一切火种和火的使用，而是加强火的管理和相关的

措施，把对火种和火的使用，限制在一定范围之内，主要目的是防止火灾的发生。这样的制度在当代的宣传标语里还能找到痕迹——"春季草木干，防止火烧山"，其实就是通过条文来缩小火灾发生的几率。冬至后第一百零五天，在仲春之末，这时行禁火寒食之俗，正好与古代仲春"修火禁"相应，具有加强火禁的作用。这样既遵守了国家的法令，又传承了风俗习惯，

可谓一举两得。更重要的是，在这时禁火寒食与《周礼·秋官》相适应，有儒家理论经典作为依据，又有了"修火禁"这样的古俗作为基础，更易于为人们所接受，易于普及、扎根，起到很好的自我宣传作用，寒食节的时间就这样成为了沿用到后世的准则；第二，这时是仲春之末，天气渐趋暖和，也不再禁火整整一个月，而是单取寒食一天或前后几天。这样，就可以大大地减少禁火寒食之俗所造成的种种危害和诸多不便。因此，把禁火寒食之俗移到冬至后第一百零五天，既照顾到了与古代"修火禁"之俗相应，又尽可能照顾到了有个暖和的气候，这是巧妙而又合理的安排，正是靠着这些有利的修改，才使得这项风俗得以不断完善，大力普及。

尽管冬至后第一百零五天禁火寒食，比以前的隆冬一月禁火寒食，害处要小得多，但是曹操还是认为，太原等地天气寒冷，即便是在冬至后第一百零五天禁火寒食，也有损人们的身体健康。所以，他还是下令禁止："犯者，家长半岁刑。主吏百日刑，令长夺一月俸。"（《阴罚令》）但也许是当时天下不稳，三国割据一方的缘故，曹操的这项禁令并没有引起巨大反响，执行起来也就不够认真。冬至后第一百零五天禁火寒食之俗就这样不仅没有被废止，而且还扩展开去，流传各地，到唐宋时期已成为全国性的大节日——寒食节。

提到山西并州的寒食风俗，还有这样一段典故。石勒统治并州的时候曾发出过禁止寒食的命令，可就在第二年，当地就发生了罕见的冰雹灾害，雹子下得很凶，平地三尺，大的有鸡蛋大小，来不及避让的民众及蓄养的牲畜死伤惨重。在迷信神明的古代社会，这就暗示着不遵循风俗，上天所施加的惩罚，结果后来石勒又专门解除了不许并州寒食的禁令，可谓奇事一桩。晋代《邺中记》

中国古代民间习俗

记载道："并州俗，冬至后一百五日，为子推断火，冷食三日。"由此可知，在晋代，禁火寒食之俗所流行的地域，尚以山西并州等地为主。南朝梁宗懔《荆楚岁时记》记载的荆楚地区岁时节俗中，已有冬至后第一百零五天禁火寒食之俗。荆楚地区，与太原等地相聚遥远，由此可以推断，到了南北朝时期，这种禁火寒食的风俗已经不限于在山西并州等地了，而是已经发展为全国性的节俗了。

通过上文的事典分析不难发觉，在唐朝以前，寒食在山西地区已经成为非常重要的节日，在民俗中占有相当的地位。但到了唐代，寒食节的影响范围扩大到了全国，成了全国性的大节日。朝廷不仅不像历朝历代对寒食禁火采取反对甚至禁断的态度，而且对这一节日给以正式的认可，把它纳入到国家正式的节日之中，成为与元日、冬至并列的一个大的节日。从此，寒食节摆脱了被官方禁断的命运，在官方的支持和倡导下，在官、民双重力量的作用下发展出了一系列特征鲜明、格调突出的节俗活动，从而成为唐代最引人注目的全民族的节日。时人王冷然的《寒食篇》："天运四时成一年，八节相迎尽可怜。秋贵重阳冬贵腊，不如寒食在春前。"很能说明寒食节在唐代所有节日中的突出地位。

那么有个问题产生了，为什么相较前代朝廷对待寒食的态度，到了唐代会有如此巨大的改变呢？对于这个问题的答案要用前面提到的属星意识来解释一下。唐朝之所以称之为"唐"，传统意义上的解释是因为表面上看，"唐"国号取之于唐高祖李渊曾袭封"唐国公"，他称帝后自然以"唐"为国号，这也是中国历史上朝代国号定名的惯例与范式。如汉高祖刘邦曾封"汉王"，其王朝国号为"汉"；曹操封"魏王"，其后立国号"魏"；司马昭封"晋公"，其国号为"晋"；杨坚袭爵"隋国公"，称帝后国号为"隋"；李唐王朝也不例外。但实际上，"唐"及"唐国"均出自山西。"唐"即陶唐氏，传说为远古部落名，居于平阳（今山西临汾西南），尧是其领袖，故后人称"唐尧"。到商代，尧的后裔仍封在山西，成为方国。

周成王时灭了唐国，封其弟叔虞，称唐叔虞，今距太原西南约 25 公里处的晋祠即唐叔虞家祠。叔虞传子燮父，改"唐"为"晋"，沿用至今。

通过上文的分析不难看出，李唐王朝究其根源，还是与山西地区有着莫大的联系，再看山西地域属星，有参星作为守护星辰，就被李唐王朝看做是自己王命的守护者，因此向全国推广寒食这个节日。采取断火的手段来削弱"火"的影响，以此增强自己水属性的参星的力量，这是合乎情理的，也是古代天命观的直接表现。出于对自己王朝命运的关照，唐朝终于迈出了较之前代有着颠覆意义的一步，即不仅不像历朝历代对寒食禁火采取反对甚至禁断的态度，而且对这一节日给以正式的认可，把它纳入到国家正式的节日之中，成为与元日、冬至并列的一个大的节日。

如果说前文对李唐王室星辰天命观的分析还存在着一定的主观臆想的话，那么下面将分析另一个更为重要的直接原因——唐代寒食上墓之俗的出现。寒食上墓，大致起源于唐代。先流行于民间，并逐渐得到了朝廷的认可。杜佑《通典》载："开元二十年制曰：寒食上墓，礼经无文，近代相传，寝以成俗，士庶有不合庙享者，何以用展孝思？宜许上墓同拜扫礼。礼于茔南门外，奠祭馔讫，泣辞。食余馔任于他处。不得作乐。仍编入五礼，永为恒式。"作者明确地表达了自己的观点，鼓励人们在寒食节扫墓祭祖，以表对前人的哀思，尽后人的孝道。唐代民间寒食上墓之风盛行，达到了这样的程度：每到寒食之日，家家有人出城祭扫，以至于没有被祭扫的坟墓，被当成无主的荒坟。王建《寒食诗》是这样表述的："但看垄头无新土，此中白骨无后人。"到了盛唐时期，朝廷开始认同这一风俗，并将它编入五礼。此外，还针对这一风俗定下了专门的假日，对于皇室的祖先，唐帝国皇帝也要按照规定在此日祭扫陵墓。到了五代时，更有庄宗与皇后亲自参加寒食祭扫的记载。李唐王朝此举实则是对民间这一祭扫行为的认同，由此，寒食这一节俗正式进入了帝王皇室。

另一方面，扫墓习惯的形成，对寒食的普遍流行和地位提升可谓影响巨大。这是因为就普遍意义而言，祭奠先人，因与传统儒家封建的思想体系相联系，

中国古代民间习俗

其重要性远在已经淡化的古老的星辰信仰与介子推的传说之上。中国古代社会本就是个宗法至上的社会，早在周代就明确地定下了诸多礼制。到了孔子，更以"君君、臣臣、父父、子子"为礼仪教化进行说教讲解。在宗法一体化的古代封建社会，臣事君以忠，子事父以孝，是维护封建社会统治秩序的儒家思想的根本。换言之，孝乃是封建统治思想的核心观念之一。在古代的法令中，有多项条文是适用于不孝之人身上的，这就充分印证了孝乃是封建统治思想的核心观念之一这一观点，试想如不关系国家事务，统治者为什么要专门去为它立法呢？

孝的表现在现实世界里是子敬父，推而广之，对另一个世界的表现就是敬祖了。中国古代无论是君王还是庶民，对于祭奠祖先都极其重视，连日常生活中的不慎都怕辱及先人。正因为如此，寒食扫墓之风的形成，对寒食在节日中地位的提升可谓意义重大。以扫墓风俗的形成为标志，寒食由渐渐远离现实的传统节日，变成了具有新意义的节日。也正是因为在寒食的节日风俗里融入了祭祖尽孝之道，暗合了统治阶级的治国构想，才使得其成为生命力强大，且受统治者大力推广的重大节日。

有特定的节俗活动是一个节日之所以称为节日的一个必要条件。唐代的寒食节节俗活动非常丰富，少有其他节日可以媲美。首先，最高统治者吸纳了民间禁火寒食的习俗，并将其改造成改新火的新习俗，而且在寒食节的第三天，即清明那一天，总有赐百官新火的活动，这在唐代的作品中多有反映。比如王濯《清明日赐百僚新火》："御火传香殿，华光及侍臣。星流中使马，烛耀九衢人。"而谢观的《清明日恩赐百官新火赋》对皇帝赐百官火的盛大场面，描写得最为壮观细致。写道："国有禁火，应当清明……木铎罢徇，乃灼燎于榆柳，桐花始发，赐新火于公卿。则是太史奉期，司烜不失。平明而钻燧献入，匍匐而当轩奏毕……振香炉以朱喷，和晓日而焰翻，出禁署而萤分九陌，入人寰而星落千门。于时宰执具

瞻，高卑毕赐……群臣乃屈膝辟易，鞠躬踧踖。捧煦育之恩惠，受覆载之光泽。各磬谢恩恳，竞轮忠赤。拜手稽首，感荣耀之无穷，舞之蹈之，荷鸿私之累百。"除了赐新火以外，皇帝往往大宴群臣，张籍《寒食内宴二首》之一写道："朝光瑞气满宫楼，彩纛鱼龙四面稠。廊下御厨分冷食，殿前香骑逐飞球。千官尽醉犹教坐，百戏皆呈未放休。共喜拜恩侵夜出，金吾不敢问行由。"从而形成"普天皆灭焰，匝地尽藏烟""四海同寒食"的局面。此外，统治者还吸收了民间的郊游、镂鸡子、斗鸡卵、斗鸡、走马、蹴鞠、击球、荡秋千等活动。上之所好，下必从之，更何况这些活动原本来自民间，所以在唐代十分盛行，以至于频频出现于唐人的寒食诗中。如"今年寒食好风流，此日一家同出游""莺啼正隐时，鸡斗始开笼""红染桃花雪压梨，玲珑鸡子斗赢时"。白居易的一首《和春深》："何处春深好，春深寒食家。玲珑镂鸡子，宛转彩球花。碧草追游骑，红尘拜扫车。秋千细腰女，摇曳逐风斜。"更写出了镂鸡子、走马、绣彩球、荡秋千、拜扫等多种节令习俗。

有趣的是，官方在承认民间寒食墓祭习俗的同时，却对与墓祭密切相关的娱乐活动采取了禁断的态度。民众在上墓之余，往往还伴有一系列郊游、踏青等娱乐活动。在官方的眼里，上墓是慎终追远的、十分严肃的大事，怎么可以"寒食上墓，复为欢乐，坐对松槚，曾无戚容"呢？所以唐高宗下令"既玷风猷，并宜禁断"。到玄宗时，在"宜许上墓"的规定之后，也不忘加上"彻馔泣辞，食余胙，仍于他处，不得作乐"。但是死者毕竟长已矣，个性张扬的唐人更注重现世的享乐，更何况统治者又树立了享乐的榜样。如《开元天宝遗事》明确记载："天宝宫中至寒食节，竞立竖秋千。令宫嫔辈戏笑，以为宴乐。帝呼为半仙之戏。都中士民相与仿之。"于是官方的禁令成为一纸空文，人们在拜扫之余，踏青、郊游、击球、走马，倦犹不归。

宋代统治者继承了唐代的做法，仍旧改火、寒食、放假。与唐代不同的是，朝廷也于寒食前后出祭，《东京梦华录》中对此有较为详细的记载。由于官方

中国古代民间习俗

的支持，具有时代特色的宋代寒食节的习俗活动与唐代的相比并不逊色。这从《乾淳岁时记》可见一斑："清明前三日为寒食节，都城人家皆插柳满檐，虽小坊幽曲，亦青青可爱。大家则加枣于柳上，然多取之湖堤，有诗云：'莫把青青都折尽，明朝更有出城人。'朝廷遣台臣中使宫人事车马朝饷诸陵原庙，荐献用麦糕、饧稠，而人家上冢者多用枣、姜豉，南北两山之间，车马纷然，而野祭者尤多。如大昭庆九曲等处，妇人淡装素衣，提携儿女，酒壶肴垒，村店山家分馈，游息至暮，则花柳士仪随车而归。若王津富景御园包家山之桃，关东青门之菜市，东西马塍尼庵道院，寻芳讨胜，极意纵游，随处各有买卖赶趁等人，野果山花别有幽趣，盖辇下骄民无日不在春风歌舞中，而游手末枝为尤盛也。"

少数民族建立起来的元朝虽然在很多方面摒弃了汉族的传统，但在岁时节日方面却遵循颇多。元世祖至元元年（1264 年）对官员的休假日作了如下规定："若遇天寿、冬至，各给假二日；元正、寒食，各三日；七月十五日、十月一日、立春、重午、立秋、重九、每旬，各给假一日。"其中寒食仍是各节中的大节，而且"清明寒食，宫廷于是节最为富丽"。大都城内，"上至内苑，中至宰执，下至士庶，俱立秋千架，日以嬉游为乐""起立彩索秋千架，自有戏蹴秋千之服。金绣衣襦，香囊结带，双双对蹴。绮筵杂进，珍馔甲于常筵。中贵之家，其乐不减于宫闱。达官贵人，豪华第宅，悉以此为除袯散怀之乐事"。江淮等地，盛行寒食节在家门上插柳枝。那么禁火和寒食的习俗呢？一方面，它们被作为"遗俗"而存在，有"行装迢递转孤城，一路闲吟缓客程。泼火雨晴饧粥冷，落花风暖笋舆轻。感时已司庄生梦，遗俗空怀介子清。只有啼鹃解人意，平芜漠漠两三声"可为证；另一方面，则是"春寒不禁香篝火，红蜡青烟忆汉宫"。可见已不再禁火寒食了。

到了清代，甚至明确说："清明即寒食，又曰禁烟节。古人最重之，今人不为节。"

二、由寒食到清明的演进

纵览前代人对待寒食这一节日的举措与态度，我们会产生这样一个疑问：拥有如此悠久的历史文化的传统节日——寒食节，为什么会后续无力，没有很好地传承至今日，终成"古人最重之，今人不为节"这样的遗憾呢？其实这样

的担心大可不必。与其说是寒食节消亡了，不如说是它与清明节相互融合了，下面就让我们一同看看这个转化的过程。

庞元英《文昌杂录》记载：宋代寒食与元日、冬至共为一年中的三个大节日，官私休假七天。王楙《野客丛书》所记载的大体也是这样。和唐代一样，宋代有禁火赐火之俗。宋敏求《春明退朝录》记载，宋代沿袭唐代赐火的做法，取榆柳之火，

赐予"辅臣戚里"。该书还记载寒食日师臣、节察、三司使、知开封府、枢密直学士、中使等官员"皆得厚赐"，但明言这不是"常赐"，即属于特殊情况。民间也有断火和新火的习俗，断火期限为三天。邵雍《春游吟》云："人间佳节唯寒食，天下名园重洛阳。"可见寒食在宋人心目中有很高的地位。所以有人认为，寒食的习俗如改火，是到了元代废于元人之手，所以明清两代再少流传。明代的大学者杨升庵就持元人废火禁之说。《升庵集》卷六八云："火禁迫今则绝不知。而四时亦不改火。自胡元人入中国鲁莽之政也。然寒食不必复。改火乃先圣宣天道者，可因元人而废止乎？"《升庵集》卷七二又云："（改火）其制古矣。废之当自前元入主中国时也。"但是，实际上扫墓的风俗自宋代起，已经渐渐由寒食改为清明，寒食的其他节俗，很多也都开始慢慢融入清明节。换言之，到了宋代，人们开始将注意力由寒食转向清明，清明节的影响力开始重于寒食节了。

若依照我上文所说，唐宋之际，寒食与清明之间的节日重心发生了转变，那么这种转变又是如何发生的呢？换言之，为什么清明与寒食产生了分

中国古代民间习俗

歧呢？原本平衡的状态又是遇到了什么矛盾才被打破了呢？让我们反观传统，寒食的节俗中是不是有禁火与祭扫两种呢？那么焚化纸钱是否算是对禁火的公然挑衅呢？

根据高承《事物纪元》记载，在唐玄宗时，主管宗祠祭祀的大臣就将民间丧葬使用纸钱的习俗吸收到皇家的祭祀之中，称纸钱为"寓钱"。"寓"就是像、相似的意思。此后使用纸钱就成为古代的一种通例。至于焚化纸钱的习俗，大体也不会迟于玄宗时期，《清异录》讲：天宝五年的夏天，有个叫李思元的人去世了，按说死人都会僵硬，但奇怪的是他的胸口却一直是暖的，所以家里人都不敢将其埋葬。就这样到了第二十一天，这天夜里李思元突然苏醒过来了，对惊奇不已的家人说，是冥府的人把自己送回来的，并让家里人准备"万贯钱"给那个送自己回来的人。于是李思元的父亲命人凿制纸钱，先后焚化共一万张，李思元由此得以返回阳间。这很显然是有人杜撰的故事，真假在此不论，单就故事情节本身反映出来的习俗风貌，不难看出当时社会上已经普遍流传着冥府使用烧化的纸钱这一说法。《太平广记》中有这样一个故事，讲的是冥间的使者黄衫吏告诉裴龄说："冥间的金钱就是世间的黄纸钱，银钱就是白纸钱。"并且对制作出的纸钱有所要求：首先要躲开闹市，最好在一个密室制造纸钱；然后将制造好的纸钱装入密封的口袋，再拿到水边去烧化。还告诉他之所以不让他在闹市制作纸钱，是因为那些纸钱会被地府的人瞧见并直接拿走，到不了亲人手中。透过这些志怪的故事，我们可以发现在唐代已经非常盛行关于冥界使用纸钱的俗信，大家都很认同，甚至于如何制造纸钱及烧化纸钱的地点也都很有讲究，形成了关于祭扫烧化纸钱的一系列相关的风俗习惯。

但正如上文所指出的，唐朝寒食节是禁火的，当然也就不允许烧化纸钱，在当时挂钱成为使用纸钱的重要方式。张籍《北邙行》中写到："寒食家家送纸

钱，乌鸢作巢衔上树。""清明纵便天使来，一把纸钱风树杪。"白居易《寒食野望吟》有句"风吹旷野飞纸钱"，徐凝《嘉兴寒食》有"嘉兴郭里逢寒食，落日家家拜扫回。唯有县前苏小小，无人送与纸钱来。"从这些诗句里，我们能得出两个结论：一是当时描写的是唐朝的风貌；二是诗句中提到的纸钱不是用火烧的，或是"挂"或"飞"。可见当时普遍认同纸钱不是用来烧的这一观念，在这一观念的支配下，人们自然也不会认为祭祀与禁火有什么相冲突的地方。同时我们还应该意识到，烧纸钱的习俗一旦确立，寒食和祭祖之间就产生了极大的矛盾。也许就因为这样，人们才开始有意识地将扫墓的日子后移到清明。而寒食节因失去祭奠先人这一重要节俗，便失去了重要支撑，在节日中的地位日渐衰落。久而久之，其被清明所同化甚至说取代，也就不足为奇了。

让我们再仔细思考一下，寒食节由于失去祭祖这一节俗的支撑，而逐渐没落下去。失去祭祖这一节俗的主要原因就是禁火的习俗与烧化纸钱的习俗相悖，这样看来，矛盾的焦点就落在了祭奠先人时焚化纸钱上了。祭墓时烧化纸钱真的如此重要吗？答案是肯定的。这是因为在古人的观念中，神和鬼的世界和我们生活的现实世界是不相同的，之间也不能有直接的联系。中国古代祭拜天地鬼神，一定要采取叫做"燎祭"的做法，就是将祭品放到柴草上面焚烧。这样做是为了"使气达于天"，因为天之高渺，古代人力是难以达到的，所以依靠将祭品放到柴草上面焚烧，"使气达于天"的办法来进行天人沟通。利用烟作为媒介，传达自己对天上神明的敬意，以期神明的庇佑。就这样天长日久，在人们的心目中就深深地印上了这样的痕迹：但凡要与鬼神沟通，一定要利用焚烧物品产生的烟来进行。祭神如此，祭鬼也如此。正像王建《寒食行》所说的那样："三日无火烧纸钱，纸钱那得到黄泉。"即不经过烧化，那纸钱怎么能够到得了冥界呢？

了解了古代的这些风俗习惯，我们就很好理解为什么寒食节会在唐代发展

中国古代民间习俗

到顶峰，后期又转而归于没落了。其实概括起来很简单，唐代的寒食节是因为加入祭扫祖先坟墓这项重大节俗而发展到顶峰，后期因为祭祀在这个节日中的意义变得愈加重要，而祭祀过程中焚化纸钱又与寒食禁火相冲突，于是转而将祭扫先人这个节俗延后至清明进行。加之传统的寒食节俗，如禁火、吃冷食日益变得没有影响力，所以到了宋代时，寒食节的影响力就难敌清明节了。在随后几个朝代的演变过程中，清明的地位越来越高，加之两个节日时间相邻，慢慢地就融合在了一起，由于清明节加入了祭祀先祖的节俗，所以其后来居上，形成了"清明即寒食，又曰禁烟节。古人最重之，今人不为节"这样的局面。

 清明与寒食

三、寒食的两大节俗——吃冷食与禁火

通过上面文字的分析，大家对清明与寒食这两个节日之间的关系大体有所了解。下面让我们就着节俗这个话题继续研究，以便能更深刻地了解我们优秀的传统文化。

（一）吃冷食

寒食，顾名思义，一定是要吃冷的食物。这就是寒食节中最为重要的节俗之一。寒食节里，古人们要吃一些什么食物呢？这些食物又有多少流传至今，成为我们餐桌上的美味佳肴呢？就让我们带着这些疑问，拜访古之美食吧。

其实古代人在禁火寒食期间所吃的食物，除一些果品之外，主要是预先做好的熟食，且以美食为主。原因很简单，试想在寒冷的天气里吃冷食，换做一般的食物，人们是不会坚持吃多久的。而古代寒食节短则十几天，多则一个月，在这么漫长的时间里，也唯有美食可以抵御寒冷了。

这些事先准备好的美食不用烧就可以吃，寒食期间，想吃可以拿了就吃，很是方便。宋代有"寒食十八顿"这样的民谚，意思就是说在寒食节期间，吃东西是不计顿数的，从早吃到晚，随心所欲，快哉快哉！又有谚云："馋妇思寒食，懒妇思正月。"寒食期间，美味佳肴特别多，所以那些好吃的馋妇，就格外希望寒食节早日到来；正月期间，禁忌特别多，妇女不能做针线活，不用洗衣裳，所以那些懒惰的妇女，就特别希望正月早些到来。说了这么多，你一定特别想知道"馋妇"所思的那些美食到底都有什么吧？

子推，即枣饼或枣子糕。据说，这是寒食节重要的节日食物。当年人们就

18

是用这种食物来祭祀介子推的。这就好像端午节里的粽子之于投江的屈原一样，都是表达对有品格的人的追思、哀悼。这个事典在宋代金盈之的《醉翁谈录》中提到过，可以作为"子推"这一食物在古代存在的一个佐证。古人们还把这种"子推"用杨柳的枝条穿在一起，成为一串，挂在自家的门楣上，作为寒食节期间家门口的挂饰。这又与端午节人们将采来的艾蒿挂在通风处，以期其香气能驱走蚊虫、消灾避邪这种祈愿不谋而合。再有，将"子推"用柳枝穿成一串，也是对介子推抱柳而死的那段传说的追思吧。宋代孟元老在《东京梦华录》卷七中，称这种食物为"子推燕"。初读让人很是费解，为何"子推"又与"燕"相连在了一起呢？这里恐是与寒食的节气有关，将"子推"穿起来的季节正是燕子来的时候，柳条穿上一串"子推"，就像燕子飞于杨柳枝条之间。宋代庄季裕在《鸡肋编》中说到："寒食火禁，盛于河东，而陕右亦不举爨者三日。以冬至一百四日，谓之'炊热日'。饭面饼饵之类，皆以为信宿之具。又以糜粉蒸为甜团，切破曝干，尤可以留久。以松枝插枣糕置门楣，呼为子推，留之经岁，云可以治口疮。"（见庄季裕的《鸡肋篇》卷上）宋代民间风俗里也的确有这样一种说法，将这种穿好的"子推"风干后放到第二年，就能产生治愈口疮的奇效。清人潘荣陛在《帝京岁时纪胜》中说到："清明时以柳条穿祭余蒸点，至立夏日油煎与小儿食之，谓不'疰夏'。"此俗犹有宋人"子推"之遗义。讲到这里，不由又联想到端午节的艾草，民俗中也将其列为有奇效的灵药，相信与"子推"的功用一样，虽然未必是药到病除，或者说根本就不能入药；但由于它们是品格高尚如屈原、介子推那类人物的表征，自然要加入一些神圣的传说，以表后世对前人的一种追思与神往。

洛川等地，民国间尚有这样的风俗：清明日，不动烟火，家家吃荞麦凉粉等冷食。且预蒸大馍，俗称为"罐儿"。馍的四周，做成鸟蛇之形。民间俗传，说是介子推当年在绵山被烧死时，有鸟、蛇前去保护过他，故在大馍上做上鸟、蛇的造型，作为纪念。馍的顶

上，做一个大盘的形状。大盘中的造型又分几种，都是有讲究的。这种馍，全家每人一个，再加若干个祭馍，那是用作祭祀的。给男子的馍，在馍顶盘中，做的是文具、耕具之类男子所用器物的造型，意思是说，男子靠用这些器物创业、吃饭，吃下了这些用馍做的器物，就能使本领大大提高；吃下了文具，文思大进，读书聪明；吃下了耕具，就能成为干庄稼活的好把式。给女子的馍，在馍顶盘中，做的是剪刀之类的造型。剪刀是做女红的工具，此俗有祝女子做女红心灵手巧的意思。祭馍顶上的盘中，是麦、豆之类的造型，寓有祈求麦、豆丰收的意义。非常明显，清明日禁火、吃这种大馍的风俗，是从寒食节来的。加之与介子推的传说相联系，再配以大盘中各式各样人们所希冀的造型，表达了浓浓的传统风情，可以说是古人的遗风遗作，泽及后人。

蒸饼是用酵糟发酵后，和面制成的。蒸熟后，皮就裂开。实际上就是馒头。将这种蒸熟的蒸饼去皮后，挂在阴凉干燥处风干。日后用时，用水浸胀、捣烂、滤过，就能给消化不良的病人服用。据说，它有和脾胃、利三焦的功能。如果病人刚服了药再服此物，此物又能帮助脾胃消化、吸收病人所服的药。

糯米团的制法和当代的糯米团大致一样，但不入水煮，而是用蒸笼蒸。入笼时，每个糯米团下，垫一张艾叶。蒸熟出笼的糯米团，会有一种特殊的清香。

吃茸母糕饼是古代北方寒食节的习俗。采茸母草，和上面粉或米粉，做成糕饼一类的食物。宋徽宗有"茸母初生认禁烟"的诗句。

唐代洛阳名厨张手美所开的食品店中，每逢寒食前后，出售冬凌粥。其制未详。

桃花粥是唐代民间岁时食品。寒食节前后，以新鲜之桃花瓣煮粥，至明末此俗犹存。唐冯贽《云仙杂记》："洛阳人家，寒食装万花舆，煮桃花粥。"清孔尚任《桃花扇·寄扇》："三月三刘郎到了，携手儿妆楼，桃花粥吃个饱。"别看此粥做法简单，其功效却非同小可，《温病条辨》中称其："补气涩肠。可用于脾虚气弱、泄泻不止、完谷不化者。"这可是与桃花的药用价值相联系的，并非民间杜撰，属于我们今人所说的"药膳"一类。

青团是一种用草头汁做成的绿色糕团，其做法是先将嫩艾、小棘姆草等放入大锅，加入石灰蒸烂，漂去石灰水，揉入糯米粉中，做成呈碧绿色的团子。青团主要是流行于江浙一带的清明节食品。

吃青粳饭也是民间习俗，而佛门道观更有做"青粳饭"馈赠施主的习俗。《熙朝乐事》说："清明僧道采杨桐叶染饭，谓之'青粳饭'，以馈施主。"这里所说的"染饭"，其实就是把一些植物的浆汁混入到糯米中使其上色，并一同加以煮食。明人高濂的《遵生八笺》中就详尽地记述了青粳饭的做法。

谈起青粳饭，它还有一个美丽的传说。古时候，有个壮族青年叫特侬，他的父亲早已去世，只与瘫痪在床的母亲相依为命。特侬非常孝顺，怕母亲一人在家烦闷，就背着母亲上山砍柴、下田插秧。每一次他都把一大包母亲最爱吃的青粳饭放在她身边，让母亲饿了随时可以吃。特侬母子的这一举动被山上的一只猴子看到了。那猴子便趁着特侬到山上砍柴的时候，悄悄溜到特侬的母亲身边，敏捷地把青粳饭抢走了。由于母亲无法动弹，只能眼睁睁地看着猴子抢走了青粳饭。一连几天都如此，特侬看着身边饿极了的母亲，无奈地扯着身边的枫叶，却又想不出什么办法来。猛然间，特侬发现自己掐枫叶的手黑漆漆的，原来是被黑色的枫叶汁染脏了。看着黑糊糊的五指，特侬灵机一动，立即把树上的枫叶带回家，放到石臼中舂成泥状，用水浸泡一天一夜，得到黑色的液汁，再将青粳饭放到黑液汁中浸泡一晚。第二天早上将黑色的糯米捞起蒸煮，顿时一股清香弥漫全屋。母亲在屋里喊："特侬，什么东西这么香啊？"特侬兴奋地说："是黑色的青粳饭，多香多甜啊！"这一天正是农历三月初三。

清晨，特侬带着母亲上山砍柴，他用芭蕉叶包着黑色的青粳饭，故意露出一点黑糊糊的颜色。猴子看见了，以为是毒药，连碰也不敢碰，便逃之夭夭了。这一天，特侬吃了黑色的青粳饭，口不干舌不燥，还觉得浑身是劲，

打的柴更多了。从此，特侬每次上山砍柴，都带着黑色的青粳饭。后来，壮家人都学特侬，家家户户都做黑色的青粳饭。再后来聪明的壮家人又学会了用黄栀子、红兰草等做成了黄色、红色、紫色的青粳饭，最后演变成了如今的五色青粳饭。

其实这"青粳饭"就是糯米饭。算上前文提到的青团、糯米团，这三类食物本就属一家。在这里是有意将它们分开的，因为这三种食物虽选用相同原料，但如果就其产生的地域来划分的话：青团主要是流行于江浙一带；糯米团主要流行于长江以北的北方一带；而青粳饭就是在广西一带了，其传说就很好地透露出壮族人民对"青粳饭"的喜爱了。

领略完古之美食，我们不禁要问，这些传统的美食又有多少流传至今呢？答案是这些食物大多都在典籍资料里记载备案，我们今天可以很轻松地查找到它们的做法与功效，甚至于有关它们的传说。但若要问吃过没有，相信大多数人还是没有机会尝试的。吃各色冷食本身就是对寒食节日的追思，而正如前文中所讲到的，寒食作为一个具有悠久历史文化、曾在中华文明多个节日中占有重要地位的节日，因为其深厚的文化背景，曾经非常辉煌。但随着这种文明或者说寒食这个节日的衰败，很多有关于这个节日的节俗也随之淡化，正如我们今日大多数人不会记起吃冷食过节一样。让我们再看看有关寒食节的另外一个节俗，或许这个节俗就更能引得我们深思了。

（二）禁火

寒食禁火的风俗，在山西一直最为流行。这一点在后来很长时间都是如此。其原因在前文已经分析过，包括：山西特殊的地理位置、其属星因素、李唐的王朝背景以及介子推原籍山西等等。种种因素都促成了山西人民浓郁的寒食节俗节风，在这里不作赘述。我们现在所要谈的是有关禁火这一风俗在各个历史时期的一些体现与变更。

元代周密《癸辛杂识》曾记载介休县绵上地方寒食禁火的情况。绵上原本禁火七天，遇到战乱时还要再追加三天，也就是十天。此举是为了祭奠介子推当年困死柳下，同时民众还认为如果禁火不彻底，有人私自取火用火，就会触怒介子推的神明，招来冰雹雪灾一类的祸患。为了防止这类隐患的产生，每年的禁火日，乡里的乡长都会带人到各家各户去检查。检查的方法也很巧妙，他们会用鸡毛翎伸到灶里检查灶灰，鸡毛翎遇热就会卷曲，这样就能很有效地检查出是否有用火的痕迹。被检查出来擅自用火的人家，乡邻们会对其非常鄙薄，乡长也会对其作出惩罚，即罚其到介子推的庙宇里做劳役，或命其缴纳香纸钱，以用来向介子推的神明祷告祭祀，求得宽恕。

当然这种禁火也是有例外情况的。有病的人和老人、小孩等如遇特殊情况，不能吃凉的东西，就要到介子推的神庙里真诚祈求，求得一个使用小火来温暖食物的权利。当然这也是需要看运气的：占卜说吉，就可以去烧点儿不起烟的木炭，这样神明就不会追究；但如果占卜的结果是不吉，那么就有触犯神明的危险，就算是因吃不到热的食物而死去，也不可以使用火。不甘死去的人会想尽各种办法将食物加热，如放在强光之下晾晒，或将食物放到马粪堆里烘热，这时就不能顾及什么干净与否了。应该对古人巧妙的方法表示赞叹，这又何尝不是一场生与死、天与人的斗争呢！

唐宋两代，一般是禁火寒食三天，为冬至后第一百零四天、一百零五天、一百零六天，亦即冬至后一百零五天及其前后各一天。大寒食、小寒食、官寒食、私寒食等名目也产生了。第一天是大寒食，第二天是官寒食，第三天是小寒食。杜甫的《小寒食》中有"佳辰强饮食犹寒"的诗句。

寒食禁火，连火种也要灭掉。禁火期过，当然就得取新火。杜甫《清明》中有"朝来断火取新烟"的诗句。这年禁火期过，正好是清明日。贾岛也有诗云："晴风吹柳絮，新火起厨烟。"

皇宫中取火，自然要比寻常百姓家容易得多。每到寒食禁火结束之时，皇帝便命人钻木取火，将火种分赐给近臣或贵族，作为一种恩宠。唐代诗人韩君平《寒食》诗云："春城无处不飞花，寒食东风御柳斜。日暮汉宫传蜡烛，轻烟散入五侯家。"后二句写的就是王公贵族之家得到了皇帝所赐的火种。蜡烛就是点着后用来传火种的。

下面就让我们一同回到唐朝，看看那一场盛大的赐火仪式。每年到了寒食结束的日子，朝廷都要举行起火仪式。《辇下岁末记》记载在寒食过后，宫中开始过清明，在这一天会找来"内园官"的小孩，让这些孩子在殿前现场钻木取火，像是一场比赛一样，最先钻出火苗的孩子就可以持着火种到皇帝身边进行呈贡。对于比赛的获胜者，皇帝会赐给三匹绢和一个金碗。

新火升起后，为表示君臣之间亲密的关系，体现君主对臣下的体恤，皇帝就要将刚从孩童手中获得的新火赐给那些近臣。试想那些臣子从皇帝手中接下御赐的火种，又会是怎样一种感受。不管是怎样，他们都和那些钻木取火的孩子一样，收获了快乐。

宋朝的皇帝也是如此。北宋文学家欧阳修，就曾经得到过这样的恩宠，他有诗云："桐华应候催佳节，榆火推恩忝词臣。"寒食期间，正是梧桐开花的时节。"榆火"，指钻榆木取的火，古代对钻木取火所用木料，也有讲究，有所谓"春取榆柳之火，夏取枣杏之火，季夏取桑拓之火，秋取柞檀之火，冬取槐檀之火"。这是《周书·月令》中的"更火之文"。

经过了寒食的三日冷食，朝廷通常还会举行一场盛大的宴会，在宴会上赏赐百官。在这种蒙受皇恩甚深的酒宴上，留下了很多诗篇，大多是歌颂皇恩、称赞盛世太平的习作，在此不一一列举。其中有一首张籍的《寒食内宴》写得很有内容，可以让我们看到宴会当晚的一些真实情况。其诗写到："朝光瑞气满宫楼，彩纛鱼龙四面稠。廊下御厨分冷食，殿前香骑逐飞球。千官尽醉犹教坐，百戏皆呈未放休。共喜拜恩侵夜出，金吾不敢问行由。"从这首诗我们可以看出，寒食宴吃的是冷食，并且宴会中还有马球、百戏的表演，甚是热闹喜气。

特别值得注意的是在当晚有一个特例。唐朝当晚是进行宵禁的，简单说来就是晚上不允许民众随意走动，这也是出于对治安的考虑。可在这个宴会结束后，酒醉的大臣们从皇宫里出来，天色已晚，到了宵禁的时候，可"共喜拜恩侵夜出，金吾不敢问行由"。为何不敢问他们夜间出来所为何事？因为他们刚刚参加完天子的盛宴，作为宾客晚归，责任落到了天子身上，试问还有谁敢去管呢。

看罢皇宫里的节日景象以及一些节俗，下面让我们将视野再转投民间的那些普通人家，看看他们是如何处理寒食节后重取火种这个问题的。普通人家也不是家家取火。一家取火后，没取火的人家都可以来取火种。有宋人诗可以为证。魏野有诗云："无花无酒过清明，兴味萧然似野僧。昨日邻家乞新火，晓窗分与读书灯。"又云："殷勤旋乞新钻火，为我新煎岳麓茶。"著名词人陈与义词亦云："竹篱烟锁，何处求新火？"

相较皇宫的气象万千，民间的百姓们对待节俗的心态似乎平淡了许多。宫廷里不论天子还是大臣，都要极尽欢饮之能事；可百姓的生活还是要一如继往地过下去啊，"无花无酒过清明"怕是当时民众的普遍态度了。其实说到这里，我们应该想到一个问题，寒食因祭祖这一节俗的引入而大兴于国，也是因没能很好地发扬祭祖这一节俗而逐渐衰败，可谓"成也萧何，败也萧何"。明代寒食节期间，不禁火、不强求人们寒食。此后，寒食节禁火寒食之俗，甚至寒食节本身，都渐渐地在我国绝大部分地区消失了。

由此我们可以得出这样一个结论：最初的寒食节节俗中，最为主要的就是禁火与吃冷食，在其历史发展流变中加入了祭扫先人这一节俗。后来祭扫先人这一节俗归于清明，使得寒食在人们心目中不再如先前那般重要，清明则由于迎合了民众的普遍心理而后来居上，以至于很多后人都淡忘了寒食，"今人不为节"了。

但正如前文所说，二者在漫长的历史演进中逐渐合二为一，我们今天过的清明节里其实就有寒食节的影子。

四、寒食节俗对清明的影响

在今天，作为传统节日中的大节，清明的地位是非常重要的，而寒食则只在很少的地区才有流传，且已经不能保留寒食古之面貌了。但是在历史上，清明节最初作为节日登场时，是和寒食节一起出现的，并且扮演主要角色的是寒食节。正因为寒食节的重要，所以它的很多节俗都影响了清明节，直到今天我们过的清明节还有寒食节的影子。因此，可以将二者看成一个融合体。下面我们来具体分析。

中国古代民间习俗

首先，寒食节与清明节本属一家，也就是说清明节的出现与寒食节有着非常重要的联系。在中国古代历史上，一个节日的产生与形成，一般受多重因素的影响，并且需要经历一个漫长的演变时期。之所以需要一个漫长的演变过程，主要是因为受中国广大的地域所限。一个节日最初产生于一时一地，需要靠时间的累积以推进其发展，使其壮大，并最终形成一个全民族的节日。在这样一个形成过程中，一定会相伴产生很多节俗，这些多样的节俗就恰好证明了一个节日在推广过程中吸纳了不同地域的文化与风俗。这些是节日形成的文化基础，而这些文化基础，同时又是每个重大节日产生的必要条件，它们是互相作用，互相影响的。

就清明节而言，在唐以前作为八风之一的清明风、作为二十四节气的清明节气，对于清明节的产生就是一种文化上的正面积累。但同时我们也应该注意到一个更为重要的文化基础，它就是寒食节。原因其实很简单，寒食节有着悠久的历史，伴随以各种打动人心的传说，如有关介子推的传说；加之其奇特的节俗，如禁火、吃冷食等等，这些因素无疑使它能在民间得到更为普遍的传播。清明节因为以有广泛群众基础的寒食节作为依靠，并且在发展过程中不断吸纳寒食节的节俗，才能后来居上，成为直到今天仍影响巨大的重要节日。从这个意义上讲，我们甚至可以说，没有寒食节的辉煌历史，清明节就不可能有像今天这样巨大的影响力。在这里不妨打个比方，清明节就好像是站在了寒食节这样一个巨人的肩膀上，我们对它的仰望，其实都是拜寒食节这个默默在底下支撑着的巨人所赐。从这个角度上看，清明节的确是有幸与寒食节相伴的节日。

其次，清明节的节日文化品格，是源于寒食节的。说到这里，问题产生了，何谓节日文化品格？简单说来就是我们通过过这个节日，能为我们的心灵带来怎样的滋润，对我们自身品格的修养能有多大的提升。举个例子来讲，过端午节会让我们想到屈原，进而想到他的忠诚品质，我们纪念他的同时也在提醒自己要做一个对国家忠诚的人。谁都不用去刻意讲解，心中的那份高尚情操就自然得以升华了，这就是节日文化品格的力量，它源自于节日本身，同时也源自于中华悠久的历史文化。

既然我们已经简单了解了节日品格的含义，下面就让我们看看，为什么说清明节的节日文化品格是源自于寒食节。正如我在前文所说，在唐代，有一种节俗被引进寒食节当中，那就是祭祖扫墓的节俗。当时这一节俗的引入，是唐王朝出于对政治因素的考虑，希望以这种孝道观念，来引导民众尊崇封建教化准则，即以此培养人民忠孝的观念。而这种节俗促使寒食节与中国古代主流文化思想——祖先崇拜的思想直接联系在一起。这就为寒食节的节俗文化传播打造了坚实的基础。正如我们后面所要认真分析的那样，清明节的主要节日品格，正是建立在对于寒食节扫墓习俗的继承这一基础上的。清明节的真正的生命力也源于此。

让我们观察一下中国传统节日的发展历程，在明清时代，中国很多传统节日开始衰败消亡，就连寒食节也不得不面对败落的事实。时至今日，西方文化对中国传统文化的冲击更是触目惊心，一些西方的节日如圣诞节、情人节在中国悄然扎根落脚，而一些传统节日，如一月七日人日节、三月三日上巳节等反倒慢慢被社会淡忘。即便在这样的背景下，清明节依然能保持住其传统节日的地位，并且历久弥新，更加引起世人的注意。为此在 2008 年政府专门立法，将其正式确定为国家

法定假日，全国各地民众在清明这一天都会选择不同的方式去缅怀先人、祭奠祖宗。这也恰好反映出清明节这一节日的品格——追思先祖、缅怀故人。这种节日品格，或者干脆说成是清明节最根本的生命力所在，恰恰是从寒食节那里继承下来的扫墓习俗。

再次，清明节还继承了寒食节的其他节俗。再此列举一些，如郊外踏青、放风筝、打秋千、插柳戴柳、斗鸡、拔河等节俗，都是和寒食节俗有着直接关系的。寒食、清明本就是一家，纵观古代任何大的节日，彼此间都是存在一定的联系和影响力的，这些节俗受某时某地影响的特征性很明显。举例来说，插柳戴柳这种节俗的产生就对季节有着明确的要求，试想若是寒冬腊月，柳树尽是枯枝，那又如何插戴？对于以上提到的清明节俗，在后文还会专门进行讲解，在这里先不作赘述。只需明确清明节其实还继承了寒食节的其他节俗就可以了。

综上所述，我们可以这样认为，早期寒食节和清明节之间的特殊联系对于清明节有着极大的影响。到唐代时，寒食节与清明节还都是相连的，两者共同构成当时全国性的大节日。到了宋代，节俗重心开始发生倾斜，原本属于寒食节俗的扫墓之俗转移到了清明节的身上，这时清明节的地位就得到了质的提升，一跃成为中国传统的大节日之一，寒食节的节俗也渐渐融入到了清明节之中。但我们也应当看到，正是因为有了寒食节为清明节提供的诸多文化基础，清明节才能在今后的发展中后来居上，最终形成了今天我们所熟知的清明节。

五、清明节俗中的祭祖扫墓及其包含的节日品格

在前面的篇章里，我们曾分析过寒食节中最具代表性的节俗——禁火与吃冷食。下面我要就清明节的节俗展开分析，不过不管是寒食节也好，清明节也罢，左右其影响力的决定性节俗无疑是祭墓这一项，就让我们仔细看看这项意义重大的节俗，看看它为什么会使如此多的人产生共鸣。

（一）祭祖扫墓的历史进程

讲到这里，读者是否会问到，祭祀先祖这项行为是不是发端于唐代的寒食节？其实不然，中华民族是重孝道的民族，祭奠先人古已有之。只不过作为一种节俗被引入寒食节里，是起源于唐代罢了。下面先让我们大致了解一下祭墓风俗的历史发展演变。

上古时代，没有祭墓的风俗。上墓行礼的情况也并不多。《礼记·奔丧》规定，去参加丧礼迟到了，没有赶上出殡，就到死者的墓地行礼，以表歉意。这个风俗，至今仍在不少地区保留着。没赶上出殡，叫做"赶棺材头不着"，是不吉利的事，上墓行礼，是弥补之法。《礼记·檀弓》中讲到，离开自己的故乡，就应该到祖墓上辞行，还要哭一场，以表离开家乡、离开祖墓的悲凉之情。从外地回来后，也要上祖墓去"省视"一番，意思是向祖宗们报告，自己从外地回来了。当然，这一次是用不着哭了。离开家乡时去看看祖墓，回来后再去看看祖墓之俗，历代已很普遍，当代仍是如此，只是"哭墓"的情形，现在是很少见的。

上古凡士大夫以上的阶层，都有家庙。祭祀祖宗的仪式，都在家庙中进行，不必到

墓地去。再说，凡是那些有家庙的阶层，祭祀祖先的仪式必定很隆重，有种种祭器，如鼎、盘之类；还有各种各样的乐器；还有牛羊等祭品。如果要上墓举行祭祀仪式，那也很不方便。

后来，无庙的阶层兴盛起来，他们也要祭祀祖宗，但他们是没有家庙的，于是，就在祖先的墓地上，祭祀祖先。《左传》载，周平王东迁途中，经过一个叫伊川的地方，大夫辛有看到有"被发而祭于野者"，就哀叹"礼"之亡。在辛有看来，按照"礼"，祭祀祖先应在家庙中进行，祭祀者必须身着礼服，衣冠整肃。也就是说，只有他们有庙阶层，才有资格祭祀祖宗；无庙阶层的人，连祭祀自己祖宗的权利都没有。可是，这披头散发的人，显然是无庙阶层的人，是社会下层的人，他竟然披着头发在野地里祭祀自己的祖宗，"礼"不是亡了吗？

《孟子·离娄下》记载了这样一个故事："齐人有一妻一妾而处室者，其良人出，则必餍酒肉而后返。其妻问所与饮食者，则尽富贵也。其妻告其妾曰：'良人出，则必餍酒肉而后返，问其与饮食者，尽富贵也，而未尝有显者来。吾将瞷良人之所之也。'蚤起，施从良人之所之，遍国中无与立谈者。卒之东郭墦间之祭者，乞其余，不足，又顾而之他。此其为餍足之道也。其妻归，告其妾曰：'良人者，所仰望而终身也，今若此。'与其妾讪其良人，而相泣于中庭。而良人未之知也，施施从外来，骄其妻妾。"

"良人"即丈夫，"墦"即坟墓。这著名的"墦间乞食"的故事，有力地证明了到孟子生活的时代，祭墓之俗已经很普遍了。那位"良人"，就是靠吃人家祭墓的祭品而醉饱，并以此来"骄其妻妾"的。

寒食祭墓之俗，大约始于隋、初唐时期。唐开元二十年四月十九日，朝迁下敕，对寒食祭墓之俗，作了明文规定，作为仪制，要全国臣民执行，有家庙的卿大夫也不例外。敕云："寒食上墓，《礼经》无文。近代相传，浸以成俗。士庶既不庙享，何以用展孝恩？宜许上墓，同拜扫礼。于茔门外奠祭。撤馔讫，泣辞，食余胙，仍于他处，不得作乐，若士人身在乡曲，准敕墓祭，以当春祠

中国古代民间习俗

30

为善。游官远方，则准礼望墓以祭可也。有使子弟皂隶上墓，或求余胙，随延亲知，不敬之甚。"

在外地做官的人，不能离开职守，回乡祭墓；其他原因在外地的人，也无法回乡祭墓，那就"望墓以祭"。什么叫"望墓以祭"呢？最好是登上高山，望着祖墓所在的那个方向，行祭祀的各种仪式，把纸钱撒向空中。这也叫做"望祭"。如果当地没有山，那就在作为水路的河流边上，望着祖墓所在的那个方向设祭，意在让生人的孝恩，沿着水路回到家乡，达于祖墓。唐代诗人王建《寒食》行中"远人无坟水头祭，还引妇姑望乡拜"之句，描写的就是这种情景。

到后来，也还是准许无法亲自回乡祭扫祖宗坟墓的人，派遣子弟或仆人回乡祭扫。甚至有代为派人祭扫的事。唐代就有"敕使墓户"的笑话。唐懿宗时的太监，多是福建人，他们常在皇帝左右，有的还执掌朝政大权。皇帝也常利用太监控制大臣。因此，文武百官之中那些没有骨气的人，都要曲意奉承太监，尤其是掌权的太监，来为自己升官发财铺路。太监也有祖坟，每到寒食期间，他们自然无法像平常人一样，回乡祭祖。于是，福建按察使杜宣猷，就抢了这个巴结太监的好机会。每年寒食期间，他就派人到朝中福建籍太监的祖坟上去祭扫。当时人们给他取了个外号，叫"敕使墓户"。"敕使"是皇帝的使者；"墓户"是看坟人。意思是说，杜宣猷身为朝廷命官，却去当太监祖坟的看坟人。

寒食祭墓的仪式，除唐代开元年间敕书中的简单规定外，后世民间又有许多种不同的详细规定。兹举《周氏祭录》所载云："寒食，掌事设位于茔门左百步，西面。于茔南门外，设主人位于东，西面。主人至，换公服。无官，常服。就位再拜。赞者引主人奉行坟茔。情之感慕，有泣无哭。至封树外，展省三周，有摧缺即修补。如荆棘草莽接连，皆芟除，不令火田得及。扫除讫，主人却复茔门外。既设位，办三献，一依家享。主人已下，执笏就，洗后执爵奠酒，毕，赞祝。"

很明显，这些繁缛的仪式，参之以家祭庙祭之

31

仪，进一步证明，墓祭之俗是在家祭庙祭之俗之后兴起的。这种墓祭程式，也是富贵之家的墓祭仪式，寻常百姓家，是不会有这种排场的。这程式中，有"掌事"，即负责祭墓事务工作的人；有"赞者"，亦即司仪兼祝颂者。这些角色，当然是由职业或半职业的人员担任，绝不会是主人或主人家中的亲属。"赞者"还要代主人向主人的祖宗读祭文，这种祭文，叫"赞祝辞"，也可由主人亲自来读。

徐润《家祭仪》载寒食祭墓之俗云："宜于茔南门之外，设净席为位。望而祭之以时馔，如生平嗜。若一茔数坟，每坟各设位席，昭穆异列，以西为上，三献礼毕，撤馔。主人以下泣辞茔。食馔者可于僻处，不当坟所。此亦孝子之情者也。"相较上面提到的繁缛的仪式，这种程式就简单多了，寻常百姓家也可以这样做。

寒食祭墓，跟家祭或其他祭祀相比，有一个显著的不同：不设香火、不焚纸钱，只是将纸钱挂在坟旁树头、或压在坟头、或系在竿头插在坟上。此乃遵寒食"不举火"之禁，也是以免酿成火灾。而后世祭墓之俗与此时的寒食祭墓，最大的区别也就在于，后世的祭墓不遵寒食"不举火"之禁，反而要利用焚化纸钱，来传递自己对先人的哀思与悼念之情，这也就成为清明节的祭墓之俗了。寒食节"焚火寒食"之俗，给人们的生活带来了许多不便，有损于人们的身体健康，因此影响力日渐衰微，以至于在大多数地区已经消亡。而祭墓之俗，却利用清明节保留了下来，直到今天还在盛行，这无疑跟我国重宗法、遵孝道、敬祖宗、信鬼神的传统观念有关。之所以说寒食节中的祭墓节俗在清明节中得以保留，是因为我们还可以通过观察，从清明祭墓的风俗中找出寒食祭墓所留下的痕迹。这在有些方面，表现得尤为明显。

《介休县志》云："清明，富家设牲醴鼓吹省墓。贫民亦造面饼，如盘蛇状，陈牲醴祭冢。归则曝面饼于篱棘上，俟干而后食。或谓取象龙蛇，寒食之遗也。"介休县是介之推的故乡，也是介之推被烧死的绵山（后改介山）所在，因此，当地的寒食之俗，特别是纪念介之推之俗，较之他处，无疑要来得盛，自然也不大容易消失。这种制成"如盘蛇状"的面饼，所谓"取象龙蛇"者，乃是源于刘向《新序·节士篇》所载介之推《龙蛇歌》中所设喻的形象。这种面饼，是行"禁火寒食"之俗期间所吃的预先做好的熟食，在祭墓之时，用来作祭品。寒食节虽然消失了，但当地在祭墓时，仍用这种祭品。

清明祭墓，也有不焚纸钱之俗。清吴震方《岭南杂记》卷上云："粤俗：民家拜扫后，墓上俱覆白纸。宗孙盛者，堆如积雪。清明尤盛。"

其实，不独粤俗如此，全国许多地方皆如此。有的地方，只是焚化少量纸钱，特别是指纸锭或版印的冥钞。说是纸锭和版印冥钞价值高，不焚给祖宗，怕被野鬼抢去。纸钱中除纸锭和版印冥钞外，少数是方形的黄纸、白纸或银色纸，打上钱样，更多的是一二寸阔、二三尺长的条形纸，各种颜色都有，或也打上钱样。方形纸不焚，用一块圆锥形土，锥向下而底向上，压于坟顶上。这一块圆锥形的土，叫做"坟帽子"。条形纸钱不焚，或以线系于坟旁之树，或系在竹竿上，插在坟上，随风飘扬。正如涁顾禄《清嘉录》卷三云："土俗，墓祭皆焚化纸锭。纸以白阡，切而为陌，俗呼'白纸锭'。有满金、直串之分，以金银纸箔糊成。其有挂于墓者，则彩笺剪长缕，俗呼'挂钱'，亦曰'挂墓'。"

清明前夕的江南乡村，如果登高而望，蔚为奇观：桃红柳绿，菜黄李白，三麦青青，远远近近，疏疏落落，那一簇簇，在和风中飘舞的五色纸钱，又是一种奇特的点缀。民间信仰认为，清明节之前，逝者的魂魄可能还没有来取这些"钱"，清明节是他们取"钱"的最后一天。因此，在清明节之前，坟茔上的五色彩纸条再漂亮也没有人敢去碰一下，连牧儿、樵夫，也只敢欣赏，不敢动手，最多预为"瓜分"。

清明一过，逝者的魂魄已经将"钱"取去了，插、挂在坟茔上的五色彩纸条，已经失去了"钱"的意义，在人们眼中，又恢复成了五色彩纸条。于是，他们按照预先谈判商定的"瓜分"计划，对"势力范围"内

所有坟茔上的五色彩纸条甚至其他形式的纸钱，来个"大扫荡"，然后互夸，争艳斗富。"禁火寒食"的风俗早就已经消失了，但是，清明时节祭墓，大量的纸钱仍不焚烧，这明显是"禁火寒食"风俗流行时的遗俗。有的地方，从清明祭墓发展出来的祭墓风俗中，也保留了不烧纸钱的寒食祭墓遗俗。如福建的将乐、归化等地，以三月为小清明，八月为大清明。每年小清明祭一次墓，大清明再祭一次。有的人家，小清明时，或可失祭，但大清明时，却无家不祭。他们在大清明祭墓时，也不焚烧纸钱。所以，每当此时，茔坟密集之地，纸钱遍野，如雪如霞。由以上几则事例可见寒食祭墓之俗的影响是多么深远了。

宋代寒食期间祭墓，凡是新坟，一般都在清明节这一天祭扫。后世寒食节式微后，新坟也还是在清明节这一天祭扫。清屈大均《广东新语》卷九云："清明有事先茔，曰拜清；先期一日，曰划清；新坟必以清明日祭，曰应清。"新坟在清明节这天祭扫之俗，至今仍在许多地方流行。

寒食祭墓，以一月为期，故有"寒食一月节"之谚。清明祭墓，有的地方是从清明前一天到立夏日这一段时间内任意择日行之，也是一月之期。（顾禄《清嘉录》卷三）大部分地区，一般以在清明前、清明日祭扫为多，当代也是如此。如是则有"清明时节雨纷纷，路上行人欲断魂"这样的诗句。

寒食或清明祭墓，实兼许多便利。其时春景方盛，郊行祭墓，无寒暑之苦，有踏青行春之乐；古代寒食节行禁火寒食之俗，寒食其间多美食，便于准备祭品；麦方秀，菜方华，祭墓有祈请老祖宗保佑使庄稼获得好收成之意在；百草早青，棘蔓始长，此时芟除最易，若墓地草旺盛，藤纵横，易招来牛羊，残踏之余，粪便狼藉，有污墓地，且若引来野火，毁树燎坟，更非吉祥；此时雨水渐多，易坏坟墓，故在祭墓时预加修整。正是因为如此，再加上我国传统的尊崇祖宗的观念，清明祭墓之俗，也就是古代寒食祭墓之俗，到今天仍是十分流行。只是祭祀的仪式，不像古代富贵之家那样隆重、那样讲究罢了。

中国古代民间习俗

除祭墓外，清明时节，许多地方又有家祭之俗，即在家里祭祀祖先。清顾禄《清嘉录》卷三云："人无贫富，皆祭其先，俗呼过节，凡节皆然。盖土俗，家祭以清明、七月半、十月朔为鬼节；端午、冬至、年夜为人节。逢鬼节，则祭用麦面，烧纸焚锭，亦鬼节为盛。新丧终七而未逾年者，多招释氏羽流，讽经礼忏，以资冥福，至亲往拜灵座，谓之新清明。"北方有些地区的清明家祭之俗，与南方颇有不同。如《万全县志》云清明曰："各家皆供神主，晚并于门前焚香，点锡箔纸钱，妇女坐地哭泣，谓之送纸。亦有于先一日晚送纸者，谓之新坟（死未逾三年者），今晚所送者为旧坟（死已多年者）。"

当代许多地区的农村，至今仍盛行清明家祭之俗。在清明前后各十天，共二十天这段时间内的某一天，在家里的堂上，摆供桌，设祭品，点香烛，敬酒上饭上菜，行跪拜之礼，焚烧纸钱，然后礼毕，灭香烛，撒祭品。

古代，在清明前后那段时期，本来就有庙祭之俗，在家庙中祭祀祖宗。这一风俗，后来又派生出寒食祭墓之俗，因此，寒食祭墓的仪式中，有的明显来自于庙祭。不过，清明前后的庙祭之俗，仍然存在。无庙阶层的人们，就仿照有庙阶层，在家里祭庙祖先，这就是家祭。后来，随着社会的发展，人口的繁衍及其流动量的增大，宗族社会分崩离析，原来的大家庭，分解成许多独立的个体家庭。于是，许多本来属于有庙阶层的人们，也就没了宗庙。家祭之俗，也就更为普遍了。

（二）清明节的节日品格

由上文对祭祖扫墓这一节俗的分析可以看出，一个发展成熟的节俗绝不会在一时一地轻易产生，而是要靠一种文化的传承作为根基，其间变化的多是一些形式上的内容罢了。就如我不断强调的，清明之所以在今日仍盛行于全国，是因为其节俗中有深入人心的部分，

甚至让人难以抗拒、欲罢不能。此中缘由无疑跟我国重宗法、遵孝道、敬祖宗、信鬼神的传统观念有关，这也是清明节最重要的节日品格的体现。

在此提到了清明节的节日品格，我说正是基于此，清明节才在我们心目中占有了极其重要的地位。而这种节日品格到底是什么呢？就是中国文化深层中对祖先的敬仰、感恩、尽孝道的那一部分，它与清明节扫墓祭祖、祭奠先人的活动相联系，产生了内在的驱动力，让人由心底产生一种责任感。"春风重拂地，佳节倍思亲。"这句诗就能很好地概括传达出人们普遍的心灵感受。清明节就是一个祭扫先人坟墓，追念先人功德的日子。也就是在清明扫墓这一节俗上，中华民族的高贵品质，慎终追远的文化精神得到了最大程度的体现。了解到了这一点，就可以说是了解了清明这个节日之所以为重的根本。

饮酒与行令

　　中国人喜欢酒，有事没事喝两盅，家里来了客，有朋自远方来，都不免要备上一壶好酒，推杯换盏一番，似乎不喝酒就不算吃饭，不喝酒就不能尽地主之谊，不喝酒就不能尽兴。于是，酒成了中国文化重要的组成部分。饮酒行令好处多，可以调节气氛、增进交流，雅俗共赏，老少皆宜，陶冶性情，激发才智。从诗到小说，酒令无处不在，为文学拓宽了体裁，人们也可以通过一些文学作品来领略酒令文化的魅力。

一、酒令与酒礼

（一）饮酒与礼仪

中国人喜好饮酒。有事没事喝两盅，家里来了客，都不免要备上一壶好酒，推杯换盏一番，似乎不喝酒就不算吃饭，不喝酒就不能尽地主之谊，不喝酒就不能尽兴尽情。于是，酒成了中国文化最重要的组成部分。现代人说请客不叫吃饭，而叫"喝酒"。旅馆、饭店多数都称"酒店"。酒跟饭相比，雅致得多，

也性情得多，更能体现中国文化中好客、讲礼、重仪的一面。其实，饮酒最初还真就是源自礼仪之需。

《周礼·天官冢宰第一》记载："酒正掌酒之政令，以式法授酒材。"周代有专门的官员掌管酒礼。根据《仪礼》，古时最重要的冠礼、婚礼、射礼、燕礼，都离不开酒。饮酒的品类、多少、先后都有严格的礼制。不过，酒礼最根本的还是有祭祀的意味。《诗经·周颂·旱麓》有："清酒既载，骍牡既备。以享以祀，以介景福。"《诗经·周颂·载芟》有："为酒为醴，烝畀祖妣，以洽百礼。"当然，饮酒也不乏娱乐的味道。像《诗经·郑风·女曰鸡鸣》有："宜言饮酒，与子偕老。"《诗经·小雅·鹿鸣》有："我有旨酒，以燕乐嘉宾之心。"可见，无论宴会的场合，还是夫妻之间，酒都是调动情绪、促进情感交流的最好媒介。

周人讲的礼仪，最重德行，提倡养老之饮。周人的乡饮酒礼之中，饮者以年资排座次，饮酒的目的在于尊老敬长，确立了长幼之序。春秋战国时期虽然"礼崩乐坏"，但三代以来尊老敬长的传统还是承袭了下来。在思想意识上，以孔子为代表的儒家思想十分重视尊老敬长对于安定社会环境、确立社会秩序的重要性。孔子提倡孝道，认为年轻人应该奉养长辈。要使长者享有饮酒的礼遇，又要确立长幼之序，树立尊老敬长的社会风尚。《论语·为政》有："有酒食，先生馔，曾是以为孝乎？"《论语·乡党》说："乡人饮酒，杖者出，斯出矣。"

有酒食给师长这是最基本的礼节。在行乡饮酒礼中，孔子让长者先出，以示恭敬。后来，无论是隆重的祭祀宴飨，还是情感的交流娱乐，酒都变得不可或缺。皇帝、诸侯祭拜天地要酒，百姓祭祀祖先神灵要酒，有接风洗尘酒，有壮行送别酒，有婚俗交杯酒，有节日饮的雄黄酒、菊花酒，乃至中国人有饭必有酒，有宴必有酒，有人必有酒。

酒带给人们生活的情调和隆重或热闹的气氛，显露出儒雅或豪迈的风度。文人相聚是雅致，侠客相逢是意气，将士对饮是气势，与歌伎共饮是风流，月下独酌是情调，饮酒成了中国人生活的一部分。难怪有人效仿王国维给饮酒安排了三重境界："都来此事，眉间心上，无计相回避。"此为第一种境界。"金风玉露一相逢，便胜却人间无数。"此为第二种境界。"便欲乘风，翻然归去，何用骑鹏翼。"此为第三种境界。当然，这饮酒已超越了最初的礼仪、礼制，充满中国人的生活气息和味道。

（二）丰富多彩的酒仪

很久以前，流传着这样一首歌："地列酒泉，天垂酒池，杜康妙识，仪狄先知，纣丧殷邦，桀倾夏国，由此言之，前危后则。"可见，酒虽然产生很早，但夏、商时代不乏很多教训与饮酒无度有关，因此，关于酒的礼仪和风俗也应运而生。我国的酒礼大概有以下几类。

第一类是生丧酒。

1. 剃头酒。孩子满月时要剃头。这时家里要祀神祭祖，摆酒宴请，亲友们轮流抱过小孩，最后就坐在一起同喝"剃头酒"。除用酒给婴孩润发外，在喝酒时，有的长辈还用筷头蘸上一点酒，给孩子吮，希望孩子长大了，能像长辈们一样，有福分喝"福水"（酒）。

2. 得周酒。孩子长到一周岁俗称"得周"。这时孩子已牙牙学语，在酒席间，由大人抱着轮

流介绍长辈，让孩子称呼，这不仅增添了"得周酒"的气氛，还让人感受到了天伦之乐。

3. 寿酒。古代为老人祝寿，一般都要举行盛大酒宴，以示儿女祝福之情，有的张灯结彩，贴红挂绿。人生逢十为寿，中国人喜欢吃寿酒。《史记·项羽本纪》有："沛公奉卮酒为寿。"《史记·魏公子列传》有："酒酣，公子起，为寿侯生前。"可见，献寿酒、吃寿酒的风俗早已有之。据说，民间还有专门的寿酒。寿酒以南岳衡山泉水所酿白酒为基酒，配以灵芝、冬虫夏草、枸杞、山药、肉桂、茯苓、山茱萸、淫羊藿、泽泻、牡丹皮、黄芪、蜂蜜等十余种名贵中药材，有强身健体的功效。南岳又称"寿岳"，这酒也自然被称为"寿酒"了。不管怎样，中国人讲"五福寿为先"，人们都希望能够健康长寿。

4. 白事酒。也称"丧酒"。民间称长寿仙逝为"白喜事"、"喜丧"，亲戚、邻里要到主家慰问，以示亲谊。

第二类是婚嫁酒。

1. 订婚酒。订婚酒是婚嫁过程中仅次于结婚的一个关键性步骤，是正式婚礼的前奏曲。如今虽然婚俗简化了，但订婚酒是一定要吃的。双方的父母及关系近的亲友会约定见面，到时不仅喝酒，男方还要送上彩礼。送彩礼之后，婚约正式缔结，一般不得反悔。若女方反悔，彩礼要退还男方；若男方反悔，则彩礼一般不退。

2. 喜酒，包括迎亲酒和别亲酒。在迎亲的大喜之日，男方家里要张灯结彩，大宴宾客，称为"迎亲酒"。而女方在女儿出嫁前一天，也会置备酒席，称为"别亲酒"、"辞家宴"，这时会叫上亲友和四邻，一起分享喜庆。

3. 交杯酒。婚礼新人喝"交杯酒"十分严肃认真，因为从此以后，新婚夫妻就要风雨同舟，共同生活。古时洞房之中，要喝交杯酒，叫做"合卺"。卺，指将一个瓠瓜分成两半瓢，是古代婚礼时用的酒器。合卺的习俗始于周代，合卺的原意是指将瓠瓜分成两个瓢，新郎新娘各执一个，喝酒漱口。可见，最初的交杯酒是不用喝下去的。到后来，交杯酒的习俗逐步演变。把两个有足的酒杯用彩色丝线连起来，新郎新娘互相交换饮一杯，称为喝"交杯酒"。现代人喝"交杯酒"常常是在婚礼仪式上，作为一个颇为逗趣的环节出现。

另外，婚礼三天后，女方也要设宴待客，称为"回门酒"。婚嫁的酒喝到这会就算是尾声了。

第三类是岁时酒。

1. 散福酒。祝福的日子，一般在腊月二十日至三十日之间，但不得越过立春，祝福这一天十分忙碌，前半夜烧煮福礼，到拂晓之前，摆好祭桌。次日凌晨开始祭神，家中男丁依辈分大小，逐个向外跪拜行礼。祝福祭祀完毕，全家人一起围坐喝酒，这叫"散福"。因这酒刚供过菩萨，是神赐之福，因而男女老少都喝，十分快乐。

2. 新岁酒。除夕是守岁迎新之夜，一家人围坐团圆，必须要喝新岁酒。有人远在外地，不能回家过年，则要让出一个席位，摆上筷子，斟满酒，以示对远地亲人的怀念。梁代徐君倩《共内人夜坐守岁》诗写道："欢多情未及，赏至莫停杯。酒中喜桃子，粽里觅杨梅。"唐代诗人白居易在《客中守岁》一诗中写道："守岁樽无酒，思乡泪满中。"除夕夜饮用的有"屠苏酒"、"椒柏酒"等。古时还有"春节饮春酒"的说法，唐人呼酒为春。

3. 清明酒。清明时祭扫祖坟要备上酒和各种祭品，祭过之后带去的酒菜要留下，酒要洒地以祭，而后回家喝清明酒。有些人家没去墓地祭祀，会在家中摆酒祭奠祖宗，俗称"堂祭"，祭后族人聚饮，这也是喝"清明酒"。

4. 雄黄酒。端午的传统习俗要置"五黄"，即黄鱼、黄鳝、黄梅、黄瓜和雄黄酒，其中，雄黄酒是必备。这天家家门前要挂菖蒲、艾叶以辟邪，中午要喝端午酒，同样是辟虫秽。

5. 桂花酒。中秋节要饮桂花酒，清代潘荣陛著的《帝京岁时纪胜》记载："八月中秋，时品桂花东酒。"我

国用桂花酿酒有着悠久的历史，二千三百年前的战国时期，即有"桂酒"，《九歌·东皇太一》中有"奠桂酒兮椒浆"。唐代酿桂花酒较为流行。桂花酒有开胃、怡神的功效，至今还有中秋节饮桂花酒的习俗。

6. 菊花酒。重阳节登高、赏菊、饮酒，这酒便是菊花酒。《续齐谐记》说："汝南桓景随费长房游学。谓曰：'九月九日，汝家当有灾危，急令家人做绢囊，盛茱萸，悬臂登高山，饮菊花酒，此祸乃消。'景率家人登，夕还，鸡犬皆死。房曰：'此可以代人。'"在这个故事里，菊花酒有保命的神奇功效。《本草纲目》说常饮菊花酒可"治头风、明身目、去萎、消百病"等。因而古人有食菊花的根、茎、叶、花的习俗，还酿制饮用菊花酒。历史上酿制菊花酒的方法不尽相同。晋代是"采菊花茎叶，杂秫米酿酒，至次年九月始熟，用之"，明代是用"甘菊花煎汁，用曲、米酿酒"。有的还加地黄、当归、枸杞等。清代则用白酒浸渍药材，而后采用蒸馏提取的方法酿制，因此称为"菊花白酒"。重阳节人们还饮茱萸酒、黄花酒、薏苡酒、桑落酒等。

第四类是生活酒。

1. 新居酒，可分造屋与乔迁两大类。

2. 和解酒，人与人之间有了纠纷，有人出面劝之和解，以酒为"中介"之物，于是出现了"和解酒"。

3. 宴宾酒，饮酒宴客，以畅叙友情，自古以来，上自官府，下至平民百姓皆以酒会友。除游乐性的如"元宵赏灯"、"中秋赏月"、"重阳登高"、"赏菊品蟹"等约亲友小酌外，尚有"洗尘酒"、"接风酒"、"饯行酒"、"送别酒"等。古人常在十里长亭处折柳话别，分手前必以酒饯行。"渭城朝雨浥轻尘，客舍青青柳色新。劝君更尽一杯酒，西出阳关无故人。"千古绝唱，依依惜别，情之深厚，让人感怀。另外，还有"会酒"、"罚酒"、"谢情酒"、"仰天酒"等。

酒礼的作用还有很多方面。如祭祀：酒在祭祀中占有很重要的地位，是不可或缺的祭品。有酒才能进行奠祭，以表示人对天、对祖先的感情和心意。《楚辞》中不少篇章写到祭祀场面，如："蕙肴蒸兮兰籍，奠桂酒兮椒浆。"如祝捷：古代战事频繁，军中打了胜仗，班师回朝，都要举行盛宴，开怀畅饮，庆贺胜利。据载，城濮之战晋军败了楚军之后，把楚国的俘虏献给周襄王。襄王大喜，款宴晋文公，为晋文公加餐加酒，一则表示祝贺，再则以祝兴。

（三）酒德与酒礼

儒家学说在我国古代被奉为治国安邦的学说，几千年来被尊为正统。作为中国传统文化的一个因子，酒文化、酒习俗也同样浸透着儒家的思想。对于酒，儒家最讲究"酒德"二字。在儒家的经典《尚书》和《诗经》中已经有了关于酒德的记载。饮酒者要有德行，不能像夏桀商纣那样"颠覆厥德，荒湛于酒"。《尚书·酒诰》中写道："饮惟祀"（只有在祭祀时才能饮酒），"无彝酒"（不要经常饮酒，平常少饮酒，以节约粮食，病时才宜饮酒），"执群饮"（禁止聚众饮酒），"禁沉湎"（禁止饮酒过度）。可见，儒家并不反对饮酒，用酒祭祀敬神，养老奉宾，这都是德行。饮酒也是一种饮食文化，这其中有很系统复杂的礼节。因此，在某种程度上，酒礼是维持宗法秩序的一种方式。在一些重要场合，如果违反酒礼的话，轻则失礼，重则有犯上作乱的嫌疑。即使在生活中，人们常说酒会乱性，饮酒过量，难免失去理智，所以古人就制定了饮酒的礼节。比如，在主人和宾客一起饮酒时，都要相互跪拜。晚辈在长辈面前饮酒时，通常要先行跪拜礼，然后再坐入次席。长辈让晚辈饮酒时，晚辈才可举起杯；长辈酒杯中的酒尚未饮完的话，晚辈是不能先于长辈饮尽的。

简言之，古代饮酒的礼仪大致有四个步骤：拜、祭、啐、卒爵。就是先做出拜的动作，以表敬意；接着把酒倒出一点洒在地上，

祭谢大地生养之德；然后再尝尝酒的味道，并加以赞扬使主人满意，现在人们还有咂酒的习惯；最后一饮而尽。酒宴上，主人要向客人敬酒（叫酬），客人要回敬主人（叫酢），所以现在形容喝酒是酬酢之间，在敬酒时还要说上几句敬酒词。客人之间相互敬酒（叫旅酬），有时还要依次向人敬酒（叫行酒），敬酒一圈叫做一巡。一般敬酒以三杯为度，所以有酒过三巡的说法。敬酒时，敬酒的人和被敬的人都要"避席"——起立，这是如今生活中常被忽略的礼节。在中华民族的大家庭中，各民族的饮酒习俗也多有差异。

　　中国人好客，在酒桌上也多有体现。主人往往希望客人多喝酒，客人喝得越多，主人就越高兴，说明客人看得起自己；如果客人不喝酒，主人就会觉得失面子，没有尽到地主之谊。所以酒桌上便有劝酒之说，劝酒的方式大致有三种："文敬"、"罚敬"、"互敬"。"文敬"指有礼节地劝人饮酒。一般酒席开始时，主人会讲上几句客套话，然后便是第一轮的敬酒。这时，宾主起立，主人将杯中酒一饮而尽，并将空酒杯口朝下，暗示自己喝完，以示对客人的尊重，这就是所谓的"先干为敬"。这种情况下客人一般也要喝完。"罚敬"是一种独特方式。为了能达到罚酒的目的，人们会制定出五花八门的规则和理由。如迟到的要"罚酒三杯"，还有上菜时鱼头所对之人要先喝一杯，等等。很多难免是牵强附会，强词夺理，但其敬酒之意却是真诚的，体现了中华民族淳朴热情的民风。"互敬"是客人之间的相互"敬酒"，为了使对方多饮酒，敬酒者会找出种种必须喝酒的理由，若是被敬酒者无法找出反驳的理由，那就得喝酒。在双方寻找敬酒理由的同时，人们之间的感情会随之得到升华。

　　另外，还有"代饮"之说，为了不失风度，也不扫人酒兴，那些实在不会饮酒的人，或已经饮酒太多的人，为了表达对敬酒者的尊敬之意，会请人代酒。代饮酒的人一般与请代者有特殊关系。为了劝酒，酒桌上流传着很多有趣的酒话，如"感情深，一口闷；感情厚，喝个够"，"感情浅，舔一舔"，"只要感情有，喝啥都是酒"等等。

中国五十六个民族，有很多民族有着很特别的酒礼。藏族人好客，在用青稞酒招待客人时，会先在酒杯中倒满酒，然后端到客人面前，这时客人要用双手接过酒杯，然后一手拿杯，一手用中指和拇指在杯子里轻蘸一下，朝天一弹，意思是敬天神，接下来，再来第二下、第三下，分别敬地、敬佛。这种酒礼是提醒人们青稞酒的来历与天、地、佛的恩赐分不开，故在享酒之前，要先礼敬神灵。喝酒时，藏族人约定的风俗是：客人先喝一口，主人马上斟满杯子；喝第二口时，再斟满；接着喝第三口，再斟满；最后就得把满杯酒一口喝干。这样做，主人才觉得客人看得起他，客人喝得越多，主人就越高兴。藏族人敬酒时，对男客用大杯或大碗，对女宾则用小杯或小碗。

壮族人敬客人有交杯酒之说，这时并不用杯，而是用白瓷汤匙，两人从酒碗中各舀一匙，相互交饮。同时主人会唱敬酒歌："锡壶装酒白连连，酒到面前你莫嫌，我有真心敬贵客，敬你好比敬神仙。锡壶装酒白瓷杯，酒到君前君莫推，酒虽不好人情酿，你是神仙饮半杯。"西北裕固族待客敬酒时，都是敬双杯。

在某种程度上，传统的酒德、酒礼在今天已失去了特有的意义，但古人喝酒时流传下来的风雅、礼貌还依然保存在我们的酒文化中。饮酒是一种乐趣，是一种集智慧、娱乐、机智、快乐于一身的游戏。而酒令则是以文化入酒，是酒文化中的精粹。今天，我们掌握酒令的有关知识，并把它应用到饮酒活动中，

饮酒与行令

可以调节气氛，增添乐趣，陶冶情操，使饮酒成为一种趣味盎然的文化活动。

（四）酒令演变

酒令最早萌生于儒家的"礼"中，所以上古有"一觞百拜"的酒令。《诗经·小雅·宾之初筵》中有："凡此饮酒，或醉或否。既立之监，或佐之史。"即在用"礼"约束的基础上，在酒宴上安排监督大家饮酒的"监"、"史"，他们的职责是用强制性的手段制约醉酒的人，不准饮酒过度，不准有失礼仪，违反规定的就要受到惩罚。由此可见，酒令虽是用来罚酒的，但客观上活跃了饮酒的气氛。行令就像催化剂，使席间气氛迅速活跃起来。

设置酒监、酒史，用强制性的规定来制约饮酒过度。从"礼"到"法"，这是酒令产生中一件有趣的事儿。还有种说法，酒令约产生于春秋初期。据汉初的《韩诗外传》载："齐桓公置酒令曰：'后者罚一经程（经程是一种饮酒器）！'"这表明春秋初年已有酒令了。到战国初期酒令由原来的节制饮酒转变为劝酒，"礼"的意味逐渐淡漠。到晋代，石崇在他的金谷园别墅中宴客，不但令客人即席赋诗，且规定"或不解者，罚酒三斗"，从此产生了以诗为令进行罚酒的酒令。曲水流觞令和藏钩令就是魏晋人从民俗中发掘出来的趣味酒令。至此，原本是维护"礼"、专门为贵族所制定的酒令，在汲取了民间习俗之后，变得新鲜有趣。唐代，我国酒业兴盛，酒风甚浓，酒令花样众多。常见的有掷骰、射覆、酒筹、酒牌、文字令，此外还有击鼓传花、手势令、旗幡令、小酒令等等，其花样之新，门类之多可谓空前。元代以后，随着通俗文学的发展，酒令从士大夫、文人雅士及富豪之家的酒宴之间普及到民间普通百姓之家。明清时，酒令更是囊括前代，丰富多彩，具有集大成之意。凡人间事物、花草虫鱼、经史典故、风俗习惯、时令节气、唐诗宋词、小说俗语等等，均可入令。此时的酒令向着系统化、理论化的方向发展。特别是文

学酒令几乎运用了所有的修辞手段，雅令在娴熟中见经纶，俗令在随意中显风采。其行令只为劝酒，饮酒只为行乐。

（五）饮酒为何行令

行令是酒文化的重要组成。饮酒行令好处多，概括起来，至少有三个：

一是调节气氛，增进交流。俗话说，饮酒最忌喝闷酒，如果席间彼此无话，则主人会感到窘迫，客人会感到尴尬，宾主双方都会不舒服，即使席间有一人默默无语，也会引起举座不欢，在这种情况下，如果行酒令，僵局很容易被打破，气氛就会活跃起来。

二是雅俗共赏，老少咸宜。人人循令而行，打破了现实中的长幼尊卑。投壶掷骰，有益身心；分曹算筹，充满惊喜；击鼓传花，气氛热烈。败者罚饮，饮之甘心；胜者观饮，亦觉快意。

三是陶冶性情，激发才智。即席赋诗，即景联句，征引诗文，拆字贯句，说绕口令，讲笑话等，激发人们多方面的才艺，陶冶性情。因为当场构思，有时间限制，所以要求才思敏捷，学识渊博，这样就促进了思维能力，增进了才智。

二、古老的酒令文化

中国酒令经过历史的演变，花样繁多，不可胜计。大致说来，酒令起于先秦，盛行于唐宋。唐代的士大夫喜欢玩酒令。诗云："唐人饮酒必为令，以佐

欢乐。"从地下发掘的考古材料也证明，唐代是一个喝酒成风，酒令盛行的时代。如1982年在镇江丹徒丁卯村一座唐代银器窖中，发现了"论语玉烛"酒筹筒和五十根酒令筹，这是十分宝贵的唐代酒令资料。唐代的酒令名目繁多，如历日令、罨头令、瞻相令、巢云令、手势令、旗幡令、

拆字令、不语令、急口令、四字令、言小字令、雅令、招手令、骰子令、鞍马令、抛打令等等，这些酒令汇总了社会上流行的许多游戏方式，这些游戏方式为酒令增添了很多的娱乐色彩。唐人喜欢在饮酒时舞文弄墨，所以唐代诗文中酒令频繁出现。白居易诗曰："花时同醉破春愁，醉折花枝当酒筹。"宋代不但沿袭了酒令习俗，而且还丰富发展了酒令文化。其中涉及介绍酒令的书就有《酒令丛钞》、《酒杜刍言》、《醉乡律令》、《嘉宾心令》、《小酒令》、《安雅堂酒令》、《西厢酒令》、《饮中八仙令》等。酒令成为中国酒文化中一枝色彩卓异的奇葩。清代俞敦培著《酒令丛钞》认为酒令大体可分四大类：古令、雅令、通令、筹令。白居易说："闲徵雅令穷经吏，醉听新吟胜管弦。"古往今来，酒令流传很盛。《中国酒令大观》更是统计精详，可谓包罗万象，计有覆射猜拳类68种，口头文字类348种，骰子类128种，骨（牙）牌类38种，筹子类78种，杂类56种等六大类。在此，我们对酒令类型略作浏览。

48

（一）文字类酒令

1. 作诗。饮酒赋诗，由来已久。前面所说的晋人石崇金谷园宴客，就需当庭赋诗，不成则罚酒三杯。行令作诗，常见的是每人作诗一首，作不出者罚酒。这种形式的酒令有时不是一人作一首诗，而是每人联诗两句，似作对子。也有每人联一句，凑成一首诗的，接不上则罚酒。据说下面就是传说中李白和贺知章、王之涣、杜甫等四人的行令联诗：一轮明月照金樽（贺），金樽斟酒月满轮（王）。圆月跌落金樽内（杜），手举金樽带月吞（李）。虽是文字游戏，但颇富才情雅趣，全唐诗像这样的联句诗很多，可见饮酒赋诗在"诗唐"、"酒唐"已蔚然成风。

2. 对句。酒席筵前行令也常常采取联对形式。行令联对常见的形式是一人出上联，另一人对下联，对不出则罚饮酒。还有一种是限定题目，每人作一副对联，作不出者罚饮酒。据说，宋代大文学家苏洵曾在家宴上限以"冷香"二字联对，他有两个学富五车的大文学家儿子，所以留下的都是千古佳话。

3. 续句。续句指的是出令者限定一种类似学生造句的行令题目，由每人随口编造词句，即兴组织语言，东拉西扯，左连右接，合而生新意，续以成文章，构成行令语言。《清朝野史大观·清朝艺苑》记载，陈眉公行酒令，要求"首要鸟名，中要'四书'，末要曲一句承上意"。像这种行令题目，相当有难度，须有功底。

4. 引用。中国几千年的文化史遗留下很多诗文经典、佳什秀句。古人从小读书讲究背诵，记忆力惊人，"四书五经"、唐诗、宋词、元曲、李杜诗、苏辛词、韩柳文，多背至烂熟，口头行酒令往往信手拈来，形成酒令语言。唐代传奇《申屠澄》记载了一则关于雅令的动人故事。布衣秀才申屠澄赴任县尉，风雪阻途，夜投茅屋。好客的主人烫酒备席，围炉飨客。风流才子申屠澄举杯行令

"厌厌夜饮，不醉不归"，引用《诗经》句行雅令。话音刚落，坐在对面的主人之女就咯咯笑了起来，说："这样的风雪之夜，你还能到哪里去呢？"少女多情地看了申屠澄一眼，脱口出令："风雨如晦，鸡鸣不已。"申屠澄听后，惊叹万分。他知道少女是用《诗经·郑风·风雨》里的诗句，隐去"既见君子，云胡不喜"两句，说明少女已含蓄而巧妙地向他表达了爱慕之意。于是，申屠澄向少女的父母求婚，喜结良缘。

5. 析字。析字也叫释字，是通过对字的分析解释，引申出某种道理和内容，构成行令语言。比如，明无名氏撰《笑海千金》载：昔一县尹与县丞爱钱，主簿极清。一日，同饮酒，至半酣，县尹遂设一令：要《千家诗》一句，下用俗语二句含意。县尹说："旋斫生柴带叶烧，热灶一把，冷灶一把。"县丞说："杖藜扶我过桥东，左也靠着你，右也靠着你。"主簿嘲讽说："梅雪争春未肯降，原告一两三，被告一两三。"

6. 拆字、合字。拆字、合字酒令形式上与析字酒令相像，区别在于析字是通过对字的分析解释，引申出其他道理或意思，构成酒令语言，而拆字和合字酒令只是通过把一个字拆成几个字，或者把几个字合成一个字，构成酒令语言。《聊斋志异》有一则《鬼令》故事，就是用的拆字、合字令。如其中一令曰："田字不透风，十字在当中；十字推上去，古字赢一钟。"一令曰："回字不透风，口字在当中；口字推上去，吕字赢一钟。"一令曰："图字不透风，令字在当中；令字推上去，含字赢一钟。"一令曰："困字不透风，木字在当中；木字推上去，杏字赢一钟。"都妙趣横生。

7. 限字。限字酒令的要求是，出令者限定令语的开头、结尾或中间必须是或者必须有某个字。冯梦龙所辑《广笑府》载一则限字酒令故事，三个人同饮行令，要说一句话，"相"字为首，"人"字结尾。民间也流传很多限字酒令，如令语要求每人背诵两句"四书"上的话等。

8. 谐音。谐音就是在行文字酒令时，利用汉字的一字多音和多字一音及字音相近等特点，在酒令字面上表达一种意思，又隐含一种意思。传说有这么一个故事，一位辩慧知诗的僧人进贡，皇上命令同样机智聪慧的杨次公接待。宴会上，僧人出酒令："要两古人姓名争一物。"接着先说："古有张良，有邓禹，争一伞，良曰：'良（凉）伞。'禹曰：'禹（雨）伞。'"此中有调侃杨次公冠带如伞之意。次公随即对曰："古人有许由，有晁错，争一葫芦，由曰：'由（油）葫芦。'错曰：'错（醋）葫芦。'"针锋相对戏称僧人头如葫芦。

9. 陈述典故。我国的历史掌故和文学典故是中华文化的精髓。行酒令作为一种口头文学，常用到典故和掌故。一般在行射覆、拇战、猜枚、掷骰子、击鼓传花等酒令输了之后，要罚说一个古代笑话、人物掌故和文学典故，以助酒兴。

此外，文字酒令还有列说俗语和谚语等情况。

（二）游戏类酒令

酒令中还有丰富有趣的游戏形式的酒令。这些游戏有相应的令具，有具体的方法、原理和过程，有利于激发参与者的智慧。春秋战国时的投壶游戏，秦汉之间的"即席唱和"等都是一种酒令。酒令本是游戏之事，然而也有"酒令大如军令"之说。原来，西汉时吕后曾大宴群臣，命刘章为监酒令，刘章请以军令行酒令，席间，吕氏族人有逃席者，被刘章挥剑斩首，这就是"酒令如军令"的由来。为喝酒游戏而掉了脑袋自然有些过火，但也看出酒令劝酒的目的，游戏又不失严肃，后来"酒令如军令"也有了行令平等的意思，打破现实中的高低贵贱，使酒宴更加融洽热闹。酒令至唐朝更加丰富多彩，达到了极致。白居易有"筹插红螺碗，觥飞白玉卮"之咏。后来到明清酒令也有所发展。凡用作行酒令的游戏，都是民间游戏的一个方面，其中有些游戏是专门为行酒令而设计的，也有些借

用了民间现成的一些游戏形式。以下择要介绍几类：

1. 投壶。投壶是很古老而流行的游戏。投壶大概与古代的射礼有关，为宴饮而设的称为"燕射"。即通过射箭，决定胜负，负者饮酒。投壶这种游戏形式早在春秋之前就有了。投壶中用的壶，是一种小口径的瓶子。它的玩法是在酒席上设特制的壶，以壶口为目标，客人和主人每人拿四支箭，依次投入壶中，以投中的多少决定胜负，负者罚饮酒。投壶游戏看似简单，却是一件很有技巧的事儿。据《礼记》中记载："壶头修七寸，腹修五寸，口径二寸半，容斗五升，壶中实小豆焉，为其矢之跃而出也。壶去席二矢半，矢以柘若棘，毋去其皮。"又云："筹（即壶矢），室中五扶，堂上七扶，庭中九扶。"投壶口广、腹大、颈细长，所投之矢很容易弹出。而且投壶用的箭也是专门为行令而制的，不同于兵器中的箭。这种特制的箭有三种尺度，室内用二尺，堂上用二尺八寸，庭中用三尺六寸。可见，规制之详细。

投壶的礼节也很烦琐。投壶之前宾主间要谦推。《礼记·投壶》记述："投壶之礼，主人奉矢，司射奉中，使人执壶，主人请曰：'某有枉矢哨壶，请以乐宾。'宾曰：'子有旨酒嘉肴，又重以乐，敢辞。'主人曰：'枉矢哨壶，不足辞也，敢以请。'宾曰：'某固辞不得命，敢不敬从。'宾再拜受。"

投壶时，专有管记数的人面东而立，如果主人投中一次，就从装着记数的

竹签的器皿里抽出一支，丢在南面；如果客人投中一次，就把竹签丢在北面，最后由记数的人根据双方在南、北两地面上的竹签的多少来计算胜负。两签叫"纯"，一签叫"奇"。如果主人打得十枝签，报数时称"五纯"；如果客人共得九枝签，报数时称"九奇"，结果，主人胜客人"一奇"。如果双方得签数相等，叫做"均"。报数时称"左右均"。

投壶是从"六艺"中的"射"演变过来的。因宴会场所狭小，不能设靶射箭，所以，用壶替代靶，用短箭替代长箭。可见，投壶之戏还是源于儒家的"礼"。参加投壶的宾主，包括侍从，都要受礼的约束。"毋怃、毋敖、毋俏立、毋锦言"，就是说投壶时不能怠慢、不可傲慢、不得背立、不得谈论他事；否则，要受到惩罚。流传至今的南阳汉代画像石刻中，有一幅投壶图。它生动地再现了古代的投壶场面。图中左侧第二人执朴（即木棒），就是司射（相当于酒监）。他除了指挥投壶之外，还负责处罚投壶时失误的人。

投壶之酒令游戏自产生延续了两千多年。《左传》有载："晋侯以齐侯宴，中行穆子相。投壶，晋侯先。"穆子还要在投壶期间说些酒嗑，类似我们今天说的吉祥话。《史记》中也有"男女杂坐，行酒稽留，六博投壶"的记载。《后汉书》记载："（祭）遵为将军，取士皆用儒术，对酒设乐，必雅歌投壶。"《西京杂记》记载："武帝时，郭舍人善投壶，以竹为矢，不用棘也。古之投壶，取中而不求还，故实小豆于中，恶其矢跃而出也。郭舍人则激矢令还，一矢百余反，谓之为骁，言如博之羿棋，于辈中为骁杰也。"这位善投壶的郭舍人特异之处在于，不仅能投中，而且能令箭弹回，因此能取悦皇帝，得到厚赐。东方朔《神异经》有："东荒山中有大石室，东王公居焉。与一玉女投壶，设有投不出者，天为之笑。"这些记载都可见投壶游戏在秦汉时之流行。唐宋之际，投壶仍然是酒席间必备的游戏。李白《登邯郸洪波台置酒观发兵》有："击筑落高月，投壶破愁颜。"高适《巨鹿赠李少府》有："投壶华馆静，纵酒

凉风夕。"苏轼《送将官梁左藏赴莫州》有:"葛巾羽扇红尘静,投壶雅歌清燕开。"王安石《张氏静居院》有:"问侯客何为?弦歌饮投壶。"陆游《东篱》有:"陪客投壶新罚酒,与儿斗草又输诗。"《月上海棠》有:"投壶声断弹棋罢,闲展道书看。"欧阳修《醉翁

亭记》云:"酒酣之乐,非丝非竹,射者中,弈者胜,觥筹交错,起座而喧哗者,众宾欢也。"文人酒酣耳热,载歌载舞,尽情于投壶之戏可见是常事。

投壶的游戏延续到元明清依然存在。虞集《寄丁卯进士萨都剌天锡》有:"投壶深竹里,系马古松间。"明代何良俊撰《四友斋丛说》记载:"惟松江专要投壶猜枚,夫投壶即开起座喧哗之端矣,然恐昔日祭征虏之雅歌投壶,未必如是。"指出后来的投壶猜枚游戏和最初的雅歌投壶或许是有区别的。如今,其中的细节变迁我们已难细究,但是投壶作为流传最广最久的酒令游戏,它趣味丰富,表现出古人的风雅之情。无论文雅儒礼,还是风趣幽默,投壶的游戏都是我国丰富的酒文化的一部分。

2. 流觞。流觞也称为流杯、传杯等,这个酒令游戏也非常古老,最初起源于我国古代的修禊活动。古代风俗,人们在农历三月上旬的巳日,要到水边嬉戏、沐浴、采兰,以祛除灾祸,祈降吉福。早在周朝,就有这个风俗。到了汉代,又将三月上巳确定为节日,这一天人们常常要临水宴宾。三国魏时将这个节日时间固定在每年农历的三月初三。

曲水流觞是由上巳节派生出来的风俗。人们在举行修禊仪式后,就在环曲的水流边聚会,临水设宴,置酒杯顺流而下,杯子在谁面前打转或停下,谁就要取来饮酒,这就是所谓流觞。这里的觞是古代的酒器,多为木制,底部有托,易于漂浮。古时也有陶杯,两边有耳,称为羽觞,质量稍重的流杯有时会放在荷叶上,使其漂浮。

历史上最有名的流觞之会发生在东晋永和九年（353年），这一次相会留下了"天下第一行书"的《兰亭集序》。这一年的三月初三，王羲之与谢安、孙绰等四十一人在会稽山的兰亭举行修禊活动，事后按照古俗，他们进行了曲水流觞活动。在场的都是当时有名的文人，大家相约杯子在谁面前打转或停下，谁就要即兴赋诗并饮酒，作不出诗的再罚酒。这次曲水流觞的风流雅会，大家纷纷饮酒赋诗，其中有十一人成诗两首，有十五人成诗一首，有十六人没有成诗，各饮罚酒三觚。事后，王羲之把大家的诗收集成册，并挥笔写下了书文绝世的《兰亭集序》。"永和九年，岁在癸丑，暮春之初，会于会稽山阴之兰亭，修禊事也，群贤毕至，少长咸集。此地有崇山峻岭，茂林修竹，又有清流激湍，映带左右，引以为流觞曲水。列坐其次，虽无丝竹管弦之盛，一觞一咏，亦足以畅叙幽情。"文字优美，可见其盛况。王羲之等人的这次曲水流觞，充满风流儒雅的味道，颇为后世仰慕。

晋以后，曲水流觞活动逐渐普遍，影响越来越大。《荆楚岁时记》载："三月三日，士民并出江渚池沼间，为流杯曲水之饮。"庾信《春赋》写道："三日曲水向河津，日晚河边多解神。树下流杯客，沙头渡水人。"非常生动形象。唐代流觞之习最盛，唐人追慕右军高风，自然留下了许多他们最擅长的诗作。大诗人孟浩然有："不及兰亭会，空吟被禊诗。"据传，李白游居万县时（今四川万州市），曾邀友人流杯饮酒，即兴赋诗。后人在此建有"流杯池"。唐

德宗李适虽是九五之尊，也不免附庸风雅："佳节上元巳，芳时属暮春。流觞想兰亭，捧剑得金人。"大诗人白居易、刘禹锡等写的联句诗《会昌春连宴即事》有："簪组兰亭上，车舆曲水边。"可算流觞行令的较早代表。后来，杜牧有："共惜流年留不得，且环流水醉流杯。"崔峒有："遥想兰亭下，清风满竹林。"罗隐有："旧迹兰亭在，高风桂树香。"可见，唐人的流觞赋诗之风。

宋代辛弃疾写有《新荷叶》：

曲水流觞，赏心乐事良辰。今几千年，风流禊事如新。明眸皓齿，看江头、有女如云。折花归去，绮罗陌上芳尘。丝竹纷纷。杨花飞鸟衔巾。争似群贤，茂林修竹兰亭。一觞一咏，亦足以畅叙幽情。清欢未了，不如留住青春。

词作俨然又一幅《兰亭集序》，道出了大词人对流觞古风的追慕。高承在《事物纪元》里专设《流杯》一篇，详细记述了流杯的起源及发展情况。可见当时流觞之风依然很普遍。

到了明清时代，流觞活动逐渐减少。只有宫廷里还会在有亭的地面上凿一条弯曲折绕的流水槽，用于举行流杯宴会，重沐古风。

曲水流觞还影响到我国周边的国家和地区。据载，早在958年，日本福冈县太宰府天满宫，就仿效我国的曲水流觞活动，举办过"曲水宴"。其仪式相当隆重，参与的人都穿上古装，进行修禊礼仪，跳舞娱神，然后曲水流觞。这种活动在日本一直流传至今。1983年清明前，福冈县书法美术振兴会与绍兴市书画家一起举行了曲水流觞活动，并进行了艺术交流，可见我国曲水流觞的永和遗风流传之广，影响之大。

在国内，曲水流觞后来多有简化和演变。如人们用掷色数点传杯行令来取代临水设宴，也叫做流觞。

3. 击鼓传花。这个游戏由曲水流觞发展而来。人们用花代替杯子，用顺序传递来象征流动的曲水。传花过程中，以鼓击点，鼓声停，传花也停。花停在

中国古代民间习俗

谁手中，就像漂浮的酒杯停在谁的面前一样，谁就被罚酒。与曲水流觞相比，击鼓传花已经成为单纯的饮酒娱乐活动，不受自然条件的限制，很适合在酒宴上进行。宋代孙宗鉴《东皋杂录》中称，唐诗有"城投击鼓传花枝，席上搏拳握松子"的记载，可见唐代就已经盛行击鼓传花的酒令。由此看来，击鼓传花虽受曲水流觞启发，但也自有渊源。范成大《上元记吴中节物》诗有"酒垆先迭鼓，灯市早投琼。"《今古奇观》中有："卢楠正与宾客在花下击鼓催花，豪歌狂饮。"清代沈复《浮生六记》中说："始则折桂催花，继则每人一令，二鼓始罢。"评书《金镯玉环记》中有一段击鼓传花行令的描写，说桂莲和桂梅从对诗答文中发现茶童像是雷宝童，因父母在座不好问话。于是，叫丫鬟春红在门外击鼓，他们和老爷、夫人传花喝酒，私嘱春红舔破窗纸，看见花到老爷、夫人手中则住鼓，让老爷、夫人喝酒。结果，一会儿就把老爷、夫人哄醉，扶回睡了。二位小姐把茶童请入座中，对诗答令，终于知道了茶童原来就是遇难流落到贾府的雷宝童。

根据这些描写，击鼓传花酒令游戏的大致玩法是，设置一个人击鼓，取花一枝，现在常用其他小物件，如手帕等代替。酒席上随着鼓声的节奏速度，依次循环传递这枝花，鼓声住后，花枝落到谁手里，谁喝罚酒一杯，有的还说些令语。所设的击鼓之人，旧时多为盲艺人和下人，用下人一般要在门外或屏风后。现在击鼓者需蒙目。击鼓传花酒令场面大，声响大，参与者多，随机性强，住鼓灵活，罚酒偶然，因此令参与之人多提心吊胆，花枝迅速传递，气氛颇好。

4. 射覆。射覆是很早的酒令游戏。据载，三国时魏国的管辂、晋代的郭璞都有射覆的故事。所谓射，是猜的意思；覆，是遮盖隐藏。顾名思义，射覆游戏早期的玩法就是用器皿将一未知物件隐藏遮盖起来，让人猜度。后来，衍生出用语言文字进行射覆游戏，如同猜谜，若猜不出或猜错时，就要罚酒。

"射覆"和"藏钩"等都是唐代流行的酒令游戏。李商

隐《无题》诗有"隔座送钩春酒暖，分曹射覆蜡灯红"之句。"藏钩"其实与"射覆"很相近，这里顺带说下"藏钩"之戏。据说，"藏钩"始于汉武帝时。钩弋夫人，姓赵，河间人，她生下来就两手攥拳，从不伸开。汉武帝路过河间使其双手伸展，手中现一钩。武帝娶她回宫，号"钩弋夫人"。后来，当时的女人纷纷仿效钩弋夫人，攥紧双拳，人们称这种姿态为"藏钩"。这种"藏钩"姿态后来成为一种娱乐游戏。《风土记》记载："藏钩之戏，分为二曹，以较胜负。若人偶则敌对，人奇则奇人为游附，或属上曹，或属下曹，名为'飞鸟'，以齐二曹人数。"参加的人分为两曹，即两组游戏时，一组人暗暗将一小钩（如玉钩、银钩）或其他小物件攥在其中一人的一只手中，由对方猜在哪个人的哪只手里，猜中者为胜。

到了唐代，藏钩游戏有两种用处，一是博戏，二是酒令。唐代的"藏钩令"也包括"猜花"（十杯九空，只有一杯有花），猜中的则藏花的饮酒，猜不中的则猜花人饮酒。这种"藏钩"已经和"射覆"基本相同了。

唐诗中还有专门的射覆诗，酒间猜谜，颇为新鲜有趣。如：

"圆似珠，色如丹。傥能擘破同分吃，争不惭愧洞庭山。"谜底是橘子。

"近来好裹束，各自竞尖新。称无三五两，因何号一斤。"谜底是丝巾。

"此物不难知，一雄兼一雌。谁将打破看，方明混沌时。"谜底是鸡蛋。

《红楼梦》中多次写到射覆的游戏情境，雅致有趣。《浮生六记》中也有："芸不善饮，强之可三杯，教以射覆为令"，"船头不张灯火，待月快酌，射覆为令"。可见射覆流传之久，深得人们喜爱。

5.猜枚与拇战。猜枚游戏源于射覆。明何良俊《四友斋丛说》中说："猜枚乃藏阄射覆之遗制。"饮酒时，取若干小物件，如钱币、棋子、瓜子、松子、莲子和小果粒等，一人先将手放在背后，将小物件握于拳中后伸出，供人猜测有无、单双、个数和颜色等。猜中者为胜，不饮；猜不中者为负，饮罚酒。也有数次为一局，局负者饮酒，胜者不饮。

猜枚酒令游戏也称猜拳。元姚文奂《竹枝词》有句云："剥将莲肉猜拳子，玉手双开各赌空。"猜枚酒令，涉及具物简单随便，又颇小巧有趣，人们喜爱至今。

顺带说下拇战。拇战类似于猜枚，只是具物是手指本身，所以现在也称拇战为猜枚，又俗称划拳、猜拳等，是酒令游戏中传统而通俗的方式。明代王征福有《拇战谱》，专记划拳令辞。清代江藩《汉学师承记》云："拇战分曹，杂以谐笑。"清沈复《浮生六记》有："拇战辄北，大醉而卧。"都可见拇战简便易行，深得人们喜爱。

拇战也称拇阵，大概因拇指相搏，互争胜负，有如战阵而得名。清代赵翼诗曰："老拳轰拇阵，谜语斗阄戏。"

以上我们按照文字类和游戏类择要介绍了几类酒令。以往人们把酒令区分为雅令、通令和筹令。雅令，大致与我们上述的文字类酒令相照应。重在考验人的学识、智慧和敏捷程度。要求心快，眼快，手快，嘴快，四者缺一不可，有点像文化人的智力竞赛，不是所有人都能做得来。而通令大致是我们这里介绍的游戏类酒令。通俗，简单，不必劳神，几乎人人可为。下面我们介绍一下筹令。

筹令非常古老，这似乎和古代人们喜欢占卜有关。直到现在，人们还习惯把筵席说成"觥筹交错"，可见筹令的普及。筹令的筹大多是用象牙、兽骨、竹、木等做成，晋代嵇含《南方草木状》记载："越王竹……南人爱其青色，用为酒筹。"酒筹要插于相应的签筒内，行令时在座宾客依次摇抽一支，按签上标注的饮酒方式、方法、人数、杯数及要求所说令词等，组织说令行酒。其中令签之酒令多是当时多才好事之人操刀，其设计制作都别出心裁、耐人寻味。古代的酒筹也有行令时计数的用处。如元稹《何满子歌》有："何如有熊一曲终，牙筹记令红螺杯。"

酒筹还是富有独立审美价值的物件。从流传下来的一些酒筹叶子看出，酒筹设计印制精美，其上绘有历史故事，文雅别致。除了注明饮酒的方式、方法、人员和杯数等，还标有"敬宾客"、"敬老年"等字样，反映出我国古代朴实无华的劳动人民文明

礼貌的思想。

与筹令属于同类的还有牙牌令。牙牌是民间牌类游戏用具，多用于赌博，玩法很多。相传起源于宋代宣和年间，牙牌最初是用象牙制成，后来也有兽骨制造的，也有骨牌之称。到明代又用硬纸制造，叫纸牌。另外，还有占花名。将若干根签放在签筒里，每根签上画一种花草，题一句古诗，并附有饮酒规则，行令时一人抽签，依签上规则饮酒，这些都是由筹令发展而来的。

这里再介绍一下骰子令。骰子令即利用骰子所行的酒令。骰子是最常用的民间游戏用具，相传是三国时曹植所造，最初是两个，用于游戏投掷，故又叫投子。因多用玉石做成，故又称琼。唐时加至六个，改用骨制，始有骰子之名。其六面分别刻着一、二、三、四、五、六点，点中着色，故又称色子。其点色一般有红绿、红黑或白黑等几种，各面点色交错变化，掷之以决胜负。骰子在古代主要用于赌博，骰子除了用玉和骨做成以外，也有用木头制造的。

从酒令发展的历史来看，有个规律，就是由繁到简逐步演变。到了明清两朝流行"拧酒令"，也就是不倒翁。"拧酒令"是一种无锡的泥娃娃，也是一种专门的酒令工具，成盒成套，每次选一个，可以用手拧着使它旋转，停下之后，不倒翁的脸朝向谁，谁就喝一杯罚酒，粤人叫做"酒令公仔"。这种玩酒令的方法显得很有趣，老少皆宜，尤其不倒翁像个小娃娃，应该更合小孩的口味。汤匙令，在桌子中间放一只汤匙，急速转动，停止后汤匙的木柄指向谁，谁就是输家，就会被罚酒。这和今天的幸运转盘几乎相同。我们可以看出酒令游戏的不断演变，它们之间有相似之处，但也有自己的独特之处。

中国古代民间习俗

三、现在的酒令文化

酒令沿着由雅到俗、由繁到简的趋势发展，现在的酒令游戏在继承传统酒令的同时，也增加了很多时代特点。猜枚、掷色子（即骰令）等易于开展的酒令游戏依然流行于北方广大地区，而一些新的游戏也多富于新鲜的时代特点。以下介绍几种常见的酒令玩法。

（一）猜物

这是从"藏钩"等发展而来的。游戏时把某物藏起来，使在席之人猜测其所藏之处。猜中者胜，猜错者饮。

（二）指掌令

以指为戏，故称指掌令，主要有五行生克令、一官搬家讼、抬轿令、石头令剪子布令、大小葫芦令、打更放炮令等。

（三）虎棒鸡虫令

分别有四种东西，老虎、棒子、鸡、虫，一物克一物，两人相对，各用一根筷子相击，同时口喊"棒棒棒棒……"或喊老虎、喊鸡、喊虫。规定：以棒击虎，虎吃鸡，鸡吃虫，虫吃棒；负者饮酒，若棒子与鸡，虎与虫同时喊出，则不分胜负。此游戏适合两个人玩，因为出口很快，老虎、棒子、鸡、虫都是脱口而出的，所以玩起来速度很快！可一人当庄，多人轮流玩。

（四）拍七令

从一数起，下数不限，明七（如七、十七、二十七等）拍桌上，暗七（即七的倍数，如十四、二十一、二十八等）拍桌下，误拍者饮。

（五）揭彩令

令官将一张写有数字的纸条用杯子扣在桌子上。合席之人除令官外均不知此数字，但要求这个数字必须在6—36之间。令官饮完，口中说出"6"字后再送给席间的任何一人，依次类推。如果所加数字之和刚好与杯中所扣数字相等，叫做得彩，则该人饮一杯酒。倘若又轮到令官而数字又未超过杯中之数，则令官只许加"1"再送给他人，如果累计已超过杯中数，那么该人与接者猜拳，过几个数猜几拳，输者饮酒。

（六）两只蜜蜂令

口令：两只小蜜蜂呀，飞到花丛中呀，嘿！石头、剪刀、布，然后猜赢的一方就作打人耳光状，左一下，右一下，同时口中发出"啪、啪"两声，输方则要顺手势摇头，作挨打状，口喊"啊、啊"；如果猜和了，就要作亲嘴状，还要发出两声配音，声音出错则饮！

（七）青蛙落水令

口令：一只青蛙一张嘴，两只眼睛四条腿，扑通一声跳下水；两只青蛙两张嘴，四只眼睛八条腿，扑通，扑通，跳下水；三只青蛙三张嘴，六只眼睛十二条腿，扑通，扑通，扑通，跳下水；四只青蛙……以此类推，每人说一句，以逗号隔开为标志，出错者喝酒。此游戏也可以不发声，仅仅用手令、动作来表示。适合多个人一起玩，因为在过程中还要顾及到数字，所以玩起来还真的不轻松。

（八）读数字

玩法也是变化无穷，但最基本的玩法也是自成数与喝数相符者胜，负者饮酒。"十五二十"。两人玩，两双手，轮流喊数，分别有"收齐、五、十、十五、开晒"五种数字，喊数者可出手也可不出，看双方一共凑成多少数目。

（九）007令

由开始一人发音"零"随声任指一人，那人随即亦发音"零"再任指另外一人，第三个人则发音"七"，随声用手指作开枪状任指一人，"中枪"者不发音不作任何动作，但"中枪"者左右两人则要发"啊"的声音，而扬手作投降状。出错者饮！适合众人玩，由于没有轮流的次序，而是突发的任指其中的一个人，所以整个过程都必须处于紧张状态，因为可能下一个就是你了！

（十）猜骰子

　　猜骰子可以两个人玩，可以三个人玩或者多人玩，本处只举出两个人玩的例子，三人以上依次类推。利用骰子6面不同点数的数量来比胜负。每个人用一个盖碗，盖碗里面装上5个骰子（也可更多）。两个人晃动盖碗，将骰子打乱以后，看自己杯中的骰子点数，根据杯子中骰子的点数，来猜测对方骰子的点数，然后报出一个数字。对方根据自己盖碗中骰子的点数，以及对方报出的点数，来决定自己报出的点数，或者看对方的点数确定输赢家。一般点数从2说起，如果先报一方报出了1点（例如说5个1），则1点不能顶替其他点数。在猜骰子时，先从小的说起，比如一方说2个1，对方说出的数字必须比这个大，如果也说2个，则只能报2以上的数字（如2个2或2个6），如果要说数字1，则只能报3个以上（如3个1或6个1）。一方如果觉得对方报出的点数的数量超出了你们两个盖碗中点数数量之和，可以要求看。这样大家掀开盖碗，刚才说出的数量超过2个盖碗中的点数，则要求看的一方赢，反之则报数字一方赢。（注意：报出数字之和不应超过两人盖碗中骰子的总点数。）

四、酒令与酒令文学

中国文学与酒有着不解之缘，一部文学史也可称为一部酒文学史。翻开《诗经》，《邶风·柏舟》有："泛彼柏舟，亦泛其流。耿耿不寐，如有隐忧。微我无酒，以敖以游。"《豳风·七月》有："为此春酒，以介眉寿。"《楚辞》中有："奠桂酒兮椒浆"，"援北斗兮酌桂浆"，"欲酌醴以娱忧兮，蹇骚骚而不释"。曹操有："何以解忧，唯有杜康。"再往下数，陶潜、李白、杜甫、苏轼、辛弃疾无一不好酒。我们这里需要谈的问题，比酒文学的范围要小，是跟酒令直接相关的文学创作。我们知道，雅令的行令方式是：先推举一个人为令官，或出诗句，或出对子，其他人按照首令的意思续令，分韵联吟，当即构思并应对，这就要求行酒令的人既有文采和才华，又要有敏捷的思维，所以它是酒令中最能展示喝酒人的才思的游戏。酒令与文学有着千丝万缕的联系，形成了酒令文学，在诗、词、曲，甚至小说中有所发展。

（一）酒令与诗

诗与酒的关系很密切，相辅相成，就好像没有诗就不能喝酒，当然写诗也绝离不开酒。杜甫说"白日放歌须纵酒"，晏殊有"一曲新词酒一杯"，金天羽有"酒肠无酒诗不流"，可见诗酒关系之密切。

古人饮酒时，很自然会想到诗，借诗行酒令成为文人酒令的重要形式。如"天字头古诗"：要求每人吟诗一首，第一句的第一个字必须是"天"字，全席每个人轮流说，不能吟出或者违背要求的人，都罚酒一杯。如"天风吹我上南楼，为报嫦娥得旧游。宝镜莹光开玉匣，桂花沉影入金瓯"，"天

为罗帐地为毡，日月星辰伴我眠。看来气象真煊赫，创业鸿基万万年"。

如"春字诗令"：每人吟诗一句，要求"春"字居首。如"春城无处不飞花"，"春宵一刻值千金"。也有要求每人吟诗一句，第一个人吟的诗句必须"春"字居首，第二个人吟的诗句"春"为第二个字，依次降至"春"字居第七字后，再从头开始。如"春城无处不飞花"，"新春莫误游人意"，"却疑春色在邻家"，"草木知春不久归"，"十二街中春色遍"，"昨夜日日典春花"，"诗家情景在新春"。

还有"七平七仄令"：每人吟诗一句，要求七个字都是平声字或都是仄声字，全席轮流吟诵，错误的罚酒，不能吟的罚两杯。如"何方圆之能周兮"（七平），"翩何姗姗其来迟"（七平），"有客有客字子美"（七仄）。

还有"干支令"：全席人轮吟诗句，每人一句，要求句中至少有一个字含天干或地支。天干：甲乙丙丁戊己庚辛壬癸；地支：子丑寅卯辰巳午未申酉戌亥。还有玉人诗令、无口诗令等。对不上的人或对得不合要求的人都要被罚酒。

古人饮酒赋诗的传统由来已久。晋人石崇金谷园宴客，就是在酒席上赋诗，赋不成就罚三杯酒。王羲之等人曲水流觞，饮酒赋诗，更是文坛美谈。唐人喜欢一边饮酒，一边欣赏乐舞，一边随口吟出优美的诗句，创造了一个诗酒无间的艺术世界。唐代的诗酒文化，是一门由酒而生，并综合了诗、乐、舞的综合艺术。酒令也正是唐人才、情、气淋漓尽致的体现。王昆吾曾说："酒筵是唐代社会的一个袖珍版本，酒令是这个袖珍版本社会的核心。"酒词在唐人诗歌中比重很大，唐人酒令艺术的价值是不言而喻的。唐人生活中，经常是"樽中酒色恒宜满，曲里歌声不厌新"，酒令艺术已经不仅是律令、抛打令等纯文字形式，还进而演变为歌舞化。酒筵歌舞有两种，一种是艺术观赏性的酒筵歌舞，一种是专门酒筵性质的歌舞。后者中，饮酒的人同时就是表演者，节目临时定，歌词大都是即兴的创作。

唐人高雅的酒令游戏，自然会产生诗词新作，虽多应景之作，但也不乏好诗，走出酒席而流传于世。尤其是孟浩然、王维、皇甫松、元稹、李商隐、杜牧等诗人，为我们留下了大量描写饮酒行令的诗篇，为酒令文化增添了浪漫色彩。唐人行令作诗，一般是每人作一首诗，做不出的人罚酒。但有的是每人联诗两句，就像做对子。也有每人连一句，凑成一首诗的，接不上的人罚酒。像流传的李白和贺知章、王之涣、杜甫四个人的连诗行令故事，就是一个例子。他们连成的一首诗是：一轮明月照金樽（贺知章），金樽斟酒月满轮（王之涣）。圆月跌落金樽内（杜甫），手举金樽带月吞（李白）。这首连成的诗既有格律诗的特点，又不失为"席上之物"。

行令既是文字游戏，也是刁难人的手段，有些酒令故意出得刁钻古怪，据《全唐诗》载，唐代宰相令狐楚有"一字令"。令狐楚听说进士顾非熊有辩捷之名，故意出酒令："水里取一鼍，岸上取一驼，将这驼来驮这鼍，是为驼驮鼍。"后面三个字音相同。幸亏顾非熊确实有急智，应令："屋里取一鸽，水里取一蛤，将这鸽来合这蛤，是为鸽合蛤。"还有，南唐烈祖李昪酒令：雪下纷纷，便是白起。（李昪）著履过街，必须雍齿。（宋齐丘）明朝日出，争奈萧何。（徐融）既显智慧，又有学识，令人叹服。

酒的醇美配上诗的雅致，使得我国酒令文学别具一格，显示出一种醉人的无穷魅力。酒与诗相辅相成，酒添加了诗的醉人意境，诗促进了酒的浓厚醇美，耐人寻味。

（二）酒令与词

词又叫曲子词，是可以用曲调演唱的词。句子参差不齐，词也叫长短句，属于音乐文学，现在所说的歌词，是按照曲调填上文字，简称倚声。汉朝至隋朝时宫里的音乐机构，把词称为乐府，宋代的词也称为乐府。

曲子词可追溯到隋代。到了唐代，饮酒

赋诗非常盛行，行令作诗，作不出的人罚酒。作为酒令的曲子到宋代仍然在宴席间传唱。如敦煌舞谱上保存的《南歌子》，在唐代作为酒令用，到宋代仍用于劝酒，晁补之的《南歌子》中说："妙舞堪千盏，长歌可百杯。笑人将恨上春台。劝我十分一举、两眉开。"这足可以证明曲子词在宋代也用于劝酒。

词的篇幅，按节拍的不同来分，有令、引、近、慢，原来是音乐上的名称。"令"指体制短小的小舞小唱，多用于作送酒曲、称酒令；后作为词学名词的"令"指一般短调。令来自唐代的酒令。因为唐人在宴会时即席填词，用时调小曲当酒令，于是称为令曲，又称小令。有两首著名的唐词，韦应物的"胡马，胡马，远放燕支山下，跑沙跑雪独嘶，东望西望路迷。迷路，迷路，边草无穷日暮"，戴叔伦的"边草，边草，边草尽来兵老，山南山北雪晴，千里万里月明。明月，明月，胡笳一声愁绝"。殊不知，这二首都是酒令。令的字数偶尔也有长的。如《六么令》九十九个字，《百字令》一百个字，不过它是《念奴娇》的别名，还有《胜州令》多达二百一十五个字。可以归纳出，词有一些来自诗，有一些来自曲子词，还有一些来自酒令。过去说到词，人们大多以为"唐人率多小令"，"至宋中叶而有中调、长调之分"。这有一定道理，却有点儿片面。实际上，在唐代曲子词中，也有所谓"长调"存在。比如《云谣集》中的《凤归云》、《调线歌》，就属于长调。成百种大曲流行，造成了各种篇幅的曲调，急曲子之外有慢曲子，破曲子之外有序曲，这导致了长调、短调、慢调、促调并存。后来，唐庄宗的《歌头》有一百三十六个字，就是根据大曲的序曲填词的。这说明大曲曲辞本来就有篇幅较长的一体。但在唐代，流行最广泛的曲子，却仍是篇幅较短小的曲子，原因在于酒令艺术造成了这种风尚。如果从文学形成的角度看，慢调或者长调早在唐初已经形成了，而不是宋朝产生的。综合而论，唐代曲子词对后世的影响，显然可以归结为对酒令艺术的影响。

《全宋词》有几首酒令，可见酒令其实是词的一种题材。例如《卜算子令》：（先取花枝，然后行令，口唱其词，逐句指点，举动稍误，即行罚酒。）我有一枝花（指自身，复指花），斟我些儿酒（指自身斟酒），唯愿花心似我心

（指花，也指自己的心愿），几岁长相守（放下花枝叉手）。满满泛金杯（指酒盏），重把花来嗅（鼻嗅花），不愿花枝在我旁（把花枝传向下座人），付与他人手（下座人接花）。

如《浪淘沙令》：今日一巵筵中（指席上），酒侣相逢（指同饮人），大家满满泛金钟（指众宾，指酒盏）。自起自斟还自饮（自起，自斟酒，举盏），一笑春风（一笑）。传与主人翁（执盏向主人），权且饶侬（指主人，指自身），侬今沉醉眼曚昽（指自身，复拭目）。此酒可怜无伴饮（指酒），付与诸公（指酒，付邻座）。

如《调笑令》：花酒（指花，指酒），满筵有（指席上）。酒满金杯花在手（指酒，指花），头上戴花方饮酒（以花插头上，举杯饮）。饮罢了（放下杯），高叉手（叉手）。琵琶拨尽相思调（作弹琵琶手势），更向当筵舞袖（起身，举两袖舞）。

再如《花酒令》：花酒（左手指花，右手指酒），是我平生结底亲朋友（指自身及众宾）。十朵五枝花（以手伸五指反复，应十朵；又舒五指，应五枝，仍指花），三杯两盏酒（伸三指，又伸二指，应三杯两盏数，指酒）。休问南辰共北斗（伸手作休问状，指南北），任从他乌飞兔走（以手作任从状，又作飞走状）。酒满金巵花在手（指酒盏，指花），且戴花饮酒（左手插花，右手持酒饮）。

从文字看，都通俗有趣，活泼生动。再看其中"科介"，不妨视作被简化和被象征化的舞蹈动作。说它是舞蹈，因为它具备舞蹈的特征，首先我们看到它有被修饰过的装饰性的动作、姿态；其次，和着令词的音韵、节奏而舞；再次，要求情绪、令词、动作相一致，错了就要罚酒。但同时我们也看到酒令舞的动作简单易学，它既可按规矩一板一眼地作动作，又可即兴发挥，展示个

饮酒与行令

人的文采和舞蹈才能。

另外，词牌也多与酒令有关。宋代著名女词人李清照有首《如梦令》，写的是一个醉酒的少女误入藕花深处的画面。写得惟妙惟肖、生动活泼。这个女词人的许多词都提到了喝酒，看来词与酒关系密切。另外一个大词人苏轼的名篇《水调歌头——明月几时有》中"明月几时有，把酒问青天"也提到了喝酒，这首词写的是中秋之夜，苏轼想念弟弟苏辙而独自饮酒的画面。许多词人的词作都离不开酒，无论独饮还是对饮，词人们总在飘飘欲仙时挥毫泼墨，或抒发心中的苦闷，或抒写人生的感慨，为我们留下了许多脍炙人口的佳作。

（三）酒令与曲

曲与酒令本来就有天然的联系。词曲中的小令，名称来自唐代的酒令。唐人在宴会上即席填词，利用流行的小曲作酒令，因而得名。元明清三代，文人雅集多用曲为酒令，客观上对于曲的传播起了积极的促进作用。

酒令本是宴饮佐觞的游戏。隋唐五代，诗词及歌舞等进入酒令，形成了专门的酒令艺术。另一方面，酒令又称觞政，"酒令大如军令"的说法普遍流行，似乎游戏的时候也在考虑军国大事。在元代，宴饮的场合成为游戏的场合，也成为作曲与唱曲的场合。这种相对放纵与艺术生产之间的内在联系，实在是耐人寻味的一件事情。在前代基础上，元代酒令有了新的发展，其标志之一，就是戏曲与散曲进入酒令。如曹绍编制的《安雅堂酒令》中有三则：

其一，陈遵起舞（十二）：陈遵日醉归，废事何可数？寡妇共讴歌，跳梁为起舞。得令的人踊跃而舞，左客作寡妇，讴戏曲，各饮一杯。有妓则以妓为寡妇，有数妇则以左客为之。

其二，陶谷团茶（四十一）：可怜陶学士，雪水煮团茶。党家风味别，低唱酌流霞。贫儒无酒可饮，煮茶自啜，命妓歌《雪词》而已。却用骰子掷数，一人作党太尉，命妓浅酌低唱。无妓自唱，亦《雪词》。

其三，岳阳三醉（四十九）：洞庭横一剑，三上岳阳楼。尽见神仙过，西风湘水秋。神仙饮酒，必有飘逸不凡之态。唱《三醉岳阳楼》一折，浅酌三杯。不能者，则歌《神仙诗》三首。

这三首曲词反映的都是元代酒席间酒令的使用，宾客在吃饭、饮酒的同时用曲令助兴，并且可以即席作曲即席演唱。

元代的曲家多流连于酒肆歌坛，是才思敏捷、精于酒令的高手。关汉卿、马致远、乔吉、张可久等著名曲家，都是酒场的浪子。他们的才华，在这里得到了充分的施展。甚至可以说，他们的不少作品，正是在花间樽前，酒令诗筹的气氛中诞生的。著名的《大石调·青杏子·骋怀》套数云："爱共寝，花间锦鸠，恨孤眠水上白鸥。月宵花昼，大筵排回雪韦娘，小酌会窃香韩寿。举觞红袖，玉纤横管，银甲调筝，酒令诗筹。曲成诗就，韵协声律，情动魂消，腹稿冥搜。"可以说是元代文人在疏狂、放荡中创作散曲的生动写照。

可以说，文人与歌伎的合作，使曲这种新兴起的艺术形式得到更加广泛的传播。众所周知，关汉卿与朱帘秀、白朴与天然秀等，都是艺术生产者与艺术传播者的合作关系。其合作形式之一，是曲家或应歌伎之请，或自抒性情，而赋新作，以赠歌者，使其当场行令任觞。元末著名文人杨维桢有《中吕·普天乐》小令一首："玉无瑕，春无价，清歌一曲，俐齿伶牙。斜簪剃髻花，紧嵌凌波袜。玉手琵琶弹初罢，怎教他流落天涯。抱来帐下，梨园弟子，学士人家。"

元代曲家与歌伎合作的第二种方式，是曲家出题目或写出前一两句，而令歌伎续成全璧。这种方式，也就是酒令中的"当筵合笙"。《青楼集》记乐人李四之妻刘婆惜，在酒席上，时宾朋满座，全帽上簪一枝，行酒。全口占《清江引》曲云"青青子儿枝上结"，令宾朋续之，众未有对者。刘敛祧进前曰：

饮酒与行令

"能容妾一辞否？"全曰："可。"刘应声曰："青青子儿枝上结，引惹人攀折。其中全子仁，就里滋味别，只为你酸留意儿难弃舍。"全大加称赞。

与其他艺术种类相比，酒令更讲究随机应变，信口开河，它不容许有过多推敲、斟酌的时间，而元代的曲家和歌伎，许多都具有曲中唱花，拆白道字，顶针续麻，当筵合笙的本领。张可久《中吕·红绣鞋·雪芳亭》有："金错落樽前酒令，玉娉婷乐府新声。"这些作品，生动地描绘出曲家与歌伎在酒宴、酒令时即席创作、唱曲的真实场景。

《安雅堂酒令》除了还与元代杂剧和话本等有关系，这反映出当时酒令文化的繁荣及与度曲、唱曲的密切关系。关汉卿《杜蕊娘智赏金线池》杂剧第三折，主人公杜蕊娘主持酒令，她在《醉高歌》一曲中向众姐妹提出：或是曲中唱出几个花名，诗句里包笼着尾声，续麻道字针针顶，正题目当筵合笙。这四句唱词包含了四种酒令。其中"正题目当筵合笙"指的是在宴席上当场应题创作。这类即席创作往往与前三类酒令配合使用，或者可以说，前三类酒令是"当筵合笙"的具体要求。"曲中唱出几个花名"就是要求唱出以花名为题的曲牌名。

（四）古代小说中的酒令

酒令在小说中也较常见，酒令内容按照人物性格、命运，涂上了一层象征性色彩。例如《红楼梦》中就有不少饮酒行令的内容，场面生动活泼，风趣幽默，也十分热闹，同时也揭示出了人物的命运。

有一次在大观园红香圃内为宝玉等四人摆寿酒时席上行令。办法是："酒面要一句古文，一句旧诗，一句骨牌名，一句曲牌名，还要一句时宪书上的话。酒底要关人事的果菜名。"这个酒令可够刁钻、够难的了。其中黛玉和湘云的令让人印象最深。林黛玉的令："落霞与孤鹜齐飞，风急江天过雁哀，却是一只折足雁，叫得人九回肠。这是鸿雁来宾。榛子非关隔院砧，何来万户捣衣声？"史湘云的令："奔腾而澎湃，江间波浪兼天涌，须要铁锁缆孤舟。既遇着一江风，不宜出行。这鸭头不是那丫头，头上那讨桂花油？"从二人的酒令中，我们看出黛玉的哀怨，湘云的放达。黛玉的身世遭遇恰如其酒令中的折足孤雁，失伴哀鸣。湘云幼小时先丧父母，家业凋零，后来又丈夫早卒，青春孀居，其生活历程也像江上孤舟，几经风涛。这一回"醉眠芍药茵"是曹雪芹为史湘云憨态写真的精彩之笔。这里不但用落红散乱、蜂蝶闹嚷等环境描绘为画面作生动的艺术烘染，还用睡语说酒令的细节来写史湘云的情态，突出了性格中不同于宝钗的，狂放不羁的一面。这一切，都充满了很浓厚的浪漫主义气息。

《红楼梦》中描写的饮酒行令样式很多，除了作诗联句，还有我们上述的击鼓传花令、牙牌令、掷骰行令、摇抽令签等。曹雪芹在书中为我们描写的酒令大多有很深的文化内涵，同时这些行令场面也显示出当时贵族的生活方式和清代酒令文化的繁荣。

例如，《红楼梦》有好几回写到击鼓传花令。第五十四回有：

凤姐儿因见贾母十分高兴，便笑道："趁着女儿们在这里，不如叫他们击鼓，咱们传梅，行一个春喜上眉梢的令如何？"贾母笑道："这是个妇令，正对时对景。"所谓"春喜上眉梢"是"击鼓传梅"的雅称。"梅"、"眉"谐音，将"传梅"说成"春喜上眉（梅）梢"是讨吉利的口彩。写到响鼓后的情景时云："那女儿们皆是惯的，或紧或慢，或如残漏之滴，或如迸豆之疾，或如惊马之乱驰，或如疾电之光而忽暗。其鼓声

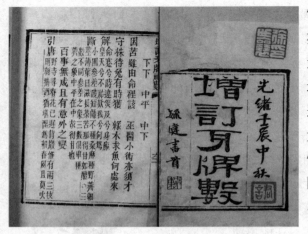

慢，传梅亦慢，鼓声疾，传梅亦疾。恰恰至贾母手中，鼓声忽住。"绘声绘色，使人如临其境，击鼓传花被写得淋漓尽致。这种酒令特点是场面大，声响大，适用于人多的场合，随机性强，停鼓灵活，罚酒偶然，因此令人多有提心吊胆的感觉，易于活泼场面，壮观有趣。

牙牌令是利用牙牌所行的酒令。牙牌是民间牌类游戏用具，多用于赌博，玩儿法很多，相传是宋代宣和二年（1120年）设计制造，用象牙制成，所以叫牙牌。后来也用兽骨制造，也叫骨牌。至明代又用硬纸制造，就叫纸牌。牌为长方形，上面印有点数，每副牌三十二张，每张都根据牌上的点数命名。《红楼梦》第四十二回金鸳鸯三宣牙牌令时，鸳鸯道："有了一副了。左边是张'天'。"贾母道："头上有青天。"这只是凑韵而已。鸳鸯道："当中是个'五与六'。"贾母道："六桥梅花香彻骨。"这张牌上五下六共十一点，一头的五点，像一朵梅花，一头的六点用桥代之，这句比较形象。鸳鸯道："剩得一张'六与幺'。"贾母道："一轮红日出云霄。"这张"幺大"牌，上下共七点，"一轮红日"指红色的点，"云霄"指代绿色的六点，这句也象形。最后，鸳鸯道："凑成便是个'蓬头鬼'。"贾母道："这鬼抱住钟馗腿。""蓬头鬼"是长六、五六和幺六这副牌的名称。贾母所说的这句属于借事发挥凑韵而已。这种牙牌酒令在古时很普遍，因为比较烦琐，又难度较大，后世已经不传了。

骰子令酒是利用骰子行酒令，骰子是一种民间游戏用具，立方形，大如杏核。相传是三国时魏的曹植所选，只有两点，用于游戏投掷，多为投子，用玉座的叫琼。到唐代增至六个点，用骨制，开始叫骰子。《聊斋志异·狐谐》有："酒数行，众掷骰为瓜蔓之令。"这里描写不详细，《红楼梦》第一百零八回描写掷骰行令，是用四个骰子掷，按掷出的点色，确定喝酒人数、杯数，还要根据骰子点色说个曲牌名，下家再接一句《千家诗》。比如，薛姨妈掷了四个幺，鸳鸯道："这是有名的，叫做'商山四皓'。有年纪的喝一杯。""商山四皓"

指骰子的四个幺点。于是贾母、王夫人等年老的各喝了一杯，薛姨妈说了个"临老入花丛"，下家是贾母，接了一句："将闻偷闲学少年。"

《红楼梦》第六十三回还写到摇抽令签。可见，酒令不只与诗词曲有着千丝万缕的联系，也与小说有着不解之缘。《红楼梦》中描写尤为详细，样式丰富多彩，给这部小说增添了许多情趣。

总之，从诗到小说，酒令无处不在，并且成为这些文学作品中的一大特色。为文学创作拓宽了体裁，并且与文学作品一起构成了我国的酒令文化。有许多酒令现已失传，但我们仍然可以通过一些文学作品去领略酒令文化的魅力。

饮酒与行令

五、酒令趣闻

　　我国古代文人行酒令堪称一绝，不仅要风雅，还要幽默，不仅比机智，还比学问。这方面的高手可不少，趣闻也不少，成为后人的笑谈，让我们在酒令中不仅感受到了文学气息，而且也能娱乐性情。下面就来欣赏一些酒令趣闻，领略文人们在酒令游戏中的智慧。

　　苏东坡在杭州时，经常与黄庭坚、佛印和尚酒食相和。三人中，佛印食量最大，据说超过了花和尚鲁智深。每回好酒好菜好点心，经他一顿风卷残云，就所剩无几，面对狼藉的杯盘，苏、黄自然扫兴，很苦恼。有一天，他俩合计说："我们何不瞒着老秃乐上一天呢？"于是，他俩背着佛印租了一条船，备好酒菜，去游览波光潋滟的西湖。不料佛印神通广大，早就得知他俩的密谋，趁苏东坡和黄庭坚还没上船，就捷足先登了，预先藏进后舱，嘱咐船主不要泄露"天机"。苏东坡和黄庭坚从容而至，好个清风朗月的夜晚，"桂棹兮兰桨，击空明兮溯流光"。苏东坡对黄庭坚说："老秃不在，我们浅斟慢酌，何不行风雅酒令？"黄庭坚便请苏东坡出令。苏东坡说："头两句即景，末尾两句用'四书'中有'哉'字的句子贴切相配，还得押'叶'韵。"黄庭坚略沉吟，说："浮萍拨开，游鱼出来。得其所哉，得其所哉？"苏东坡击节赞赏，接着也吟出自己的得意之作："浮云拨开，明月出来。天何言哉，天何言哉？"黄庭坚正要叫好，哪料藏在后舱的佛印早已心痒难耐，见他们又喝酒又行令，好不快活，实在按捺不住，就从舱板底下钻出来，随口一则酒令："浮板拨开，佛印出来。人焉庾哉，人焉庾哉？""庾"是"藏匿"的意思，"人焉庾哉"意思是"人怎么能藏得住呢"。佛印这一出来，可想而知，顷刻间，杯盘皆空。这则酒令显然是后人杜撰的，苏、黄怎会那么小气？佛印也不至于饿鬼扑食。但杜撰者的确下了一番工夫，把酒令最高妙的一面表现得淋漓尽致。

读书人借酒令来愤世嫉俗，无疑是社会现实的反映。明末，几个秀才一起喝酒，约定酒令中必须包含盗窃的行状，而且要对仗工整。头一个人说发冢可对窝家，不错，盗墓与窝赃对得挺好。接着，第二个人说"白昼抢夺"可对"昏夜私奔"，强盗大白天下手，不足为奇，可是男女私奔与盗窃有什么关系呢？作令的人笑答："私奔就是偷情，偷香窃玉，当然算盗窃啦！"大家哄然一笑，也不再难为他，让他过关了。随后，第三个人说"打地洞"可对"开天窗"，打地洞为盗，开天窗明明是为了房屋采光嘛，怎么跟盗窃扯一块了？作令的人解释说："如今那些贪官弄出许多苛捐杂税，专门搜刮民财，敲骨吸髓，民间谚语把这种鱼肉百姓的行为称为'开天窗'，就像揭开人的天灵盖儿似的，这叫做'大盗不盗'，挺高明的要算他们啦！"言之有理，大家哄然一笑，认可了这条。轮到第四个人，他说"三橹船"可对"四人轿"，大家正默想其中深层的含义，作令的人却缺乏耐心，干脆解释说："三橹船用来载运江洋大盗，这就不用说了，那四人抬的轿中坐着的老爷难道只会小偷小摸？他们更能大搜大刮。"大家回过神，又哄堂一笑。

再讲点轻松的吧。明朝末年，吴郡有位妓女叫陈二，"四书五经"都读得烂熟。那些给她捧场打茶围的人就叫她"四书陈二"。有一天，她和当地的几位名士饮酒，约定大家要说些有此语无此事的酒令。别人都引些俗谚蒙混过关了，轮到陈二，她说了个成语"缘木求鱼"，大家都说这个好，但有个少年鸡蛋里挑骨头，他讲，乡下有些扳罾的渔人，先在河中间打好长长的木桩子，然后再上去作业，这分明是缘木又求鱼嘛。陈二被罚了一杯，她痛快地喝完，随即补充说了一个酒令，"挟泰山以超北海"，典故出自《山海经》，纯属神话。现实中天下第一的大力士，

也心有余而力不足啊。大家叹赏了很久，那少年绞尽脑汁也唱不出反调，大家只得叹服。

明万历年间，袁宏道做了吴县令，他名满天下，常有人去拜访他，一天。来了一位江西的孝廉，他弟弟正做某部员外郎，与袁宏道同年进士，交情不浅，既然是好朋友的兄长远道而来，袁宏道就在游船上摆了一桌丰富的酒席，有鲈鱼，还有莼羹，总之是吴越一带最可口的美味佳肴。他意犹未尽，还招来了长邑县令盈科作陪。三人临江喝酒，得意扬扬，顺水行舟，远处有青山。酒至半酣，客人请袁宏道发个酒令。袁说："这酒令讲一件事物，却要暗含亲戚的称谓，还得挂上官衔。"他指着水桶说："此水桶，非水桶，乃是木员外的箍箍。"在吴侬软语中，"箍"与"哥"字谐音，员外是官衔，这个酒令就妙在点出了席间孝廉有一位做员外郎的弟弟，明摆着，他巧借水桶开个玩笑。作完示范，孝廉也不甘示弱，他看见船夫手中拿着扫帚，顿时触发灵感，他说："此扫帚，非扫帚，乃是竹编修的扫扫。"当时，袁宏道的哥哥伯修和弟弟小修正任职翰林院编修，因此孝廉的调侃也恰到好处，得来全不费工夫。盈科接着说："此稻草，非稻草，乃是柴把总的束束。"这仍是调侃那个孝廉，他原属军籍，有个族侄在军中当把总，叫他叔叔。这酒令妙在把汉字的转义和谐音用得出神入化，他们的才思，岂是"聪明"二字可评价的呢？小处见大智慧。

可见，酒令作为中国特有的一种酒文化，是喝酒助兴的方式，这些酒令趣闻虽不像笑话那样令我们捧腹大笑，却暗含沁人心脾的幽默，读来回味无穷。

风水与巫术

　　巫术有着悠久的历史，最早可以追溯到旧石器时期的山顶洞人，在那个时代就有鬼神崇拜观念以及相关的丧葬巫术仪式。民间巫术是经过岁月的积淀流传下来的一种民俗，企图借助超自然的神秘力量对某些人、某些事施加影响，以达到自己的目的。而古往今来，人们一直对"风水"抱有敬畏之心……让我们走近风水与巫术，揭开它们神秘的面纱。

一、巫术简论与巫术起源

巫术有着悠久的历史，最早可以追溯到旧石器时期的山顶洞人，在那个时代就有鬼神崇拜观念以及相关的丧葬巫术仪式。民间巫术是经过岁月的积淀流传下来的一种民俗，企图借助超自然的、不可思议的神秘力量对某些人、某些事施加影响，以达到自己的目的。在我国古代，巫术被文人叫做"法术"。但由于我国各个区域有许多不同的方言，各地人民的生活习惯又有很大差异，所以巫术在民间有着种类繁多的称呼，有的地方称为"作法"，有的称为"扎仙"，还有的称为"告僮"。

（一）有关巫术

古代科学技术不发达，人们都很迷信，所以巫术活动在人们的生活中是不可缺少的一部分。决定家庭或人生中的重大事件中都可以看到巫师繁忙的身影，比如为即将结婚的男女双方批八字、择吉日良辰，为要盖房的人家选风水宝地，帮助死者家属入殓、下葬等等。

巫术根据其目的可以分为两种，一种是白巫术，又叫吉巫术，另外一种是黑巫术。白巫术讲求保护自身、避灾驱邪和祈求保佑，生育巫术、婚恋巫术、生产巫术、辟邪巫术、治病巫术和丧葬巫术都属于白巫术。黑巫术以心怀不轨、加害别人为特点，比如诅咒、射偶人、毒蛊等等。根据施行手段，古代巫术大致可以分为模拟巫术、接触巫术、符篆咒语巫术、预兆禳灾巫术、禁忌巫术等等。如占卜算命（抽签）、相面、风水、神水、求儿女、求雨、驱鬼、扶乩、降神、还愿等都是巫术。

在生活中，有些巫术老百姓自己就可以施行，但是大部分还得依靠巫师。"巫师"这个词其实是个外来词语，中国历史上另有称呼。我国古代把有文化的女巫师称为"巫"，男巫师称为"觋"，统称为"巫觋"。但民间用这个词的不太多。各地的人们给这些人起了些约定俗成的名字。比如在四川、湖南等地，施巫术的人叫做"端公"；在江南地区，女巫师被称作"仙姑""仙婆""仙人"，男巫师被称作"太保""神汉""僮子"；还有些地方，男巫师被称作"香童"或"师傅"；女巫师不论年龄都统称"姑娘子""姑娘婆子"或"巫婆"。电视剧《还珠格格》的故事发生在清朝乾隆年间，剧中的"萨满婆婆"就被叫做"巫婆"。此外，我国各少数民族对于使用巫术的人也有不同的称谓，比如彝族叫他们为"布慕""毕摩""朵西"，瑶族叫这些人为"师公"，纳西族称其为"东巴"。在东北地区，这些巫师的名字则充满着乡土风味，叫"萨满"。

其实，这些巫师、巫婆、神汉、太保不过是装神弄鬼而已，他们利用了人们迷信的心理为自己捞取钱财。但是，这些人、这些活动还是有自己的故事的，而且在古代漫长的历史中，有些巫术消失了，而另一些则发展成为中华民族所独有的民俗，承载着人们美好的生活希望。

（二）巫术的起源

在中国的甲骨文中也出现过"巫"字，说明在殷商时巫术就存在了。巫术的起源是因为原始人蒙昧无知，对自然的认识和改造能力都特别低。在变化无常的大自然面前，他们对接踵而至的灾难束手无措，有一种强烈的恐惧和敬畏，显得格外渺小软弱。但原始人还要为基本的生存条件去努力拼搏，所以他们寄希望有一种超自然的神奇力量在

支配着一切。这种观念当然绝大部分是错误的、歪曲的、虚幻的，但原始人却执著地相信这是事实。这种观念的最初表现就是"万物有灵"论。

原始人认为"万物有灵"，在他们看来，外界的一切都是生命的灵动现象，自然的一切与人类一样具有知觉、感觉、意识，并且与人类有着千丝万缕的联系，在冥冥之中操纵着世界的变化，主宰着人类的生死。在这种"万物有灵"观念的影响下，原始人类有了动物崇拜、植物崇拜、生殖崇拜、祖先崇拜、鬼神崇拜等一系列复杂而又繁多的信仰和崇拜。他们相信，既然自然界中神灵无所不在，普遍存在着人们不可知的种种联系和影响，那么只要采取相应的手段和方法，就有可能按照自己的愿望去影响外界事物，迫使外界事物按照自己的愿望发展。于是巫术便产生了。原始人类创造了许多法术，以寄托和实现自己的美好愿望，这些法术就是最早的巫术。

开始的时候，原始部落里生产力非常低下，一个部落的成员互相依赖，他们共同劳动，共同组织巫术活动，既没必要、也没能力供养一个吃白饭的巫师。后来，随着原始部落经济的发展，人们慢慢积蓄了一些剩余产品，可以用来养活少数不从事生产劳动的人。于是，原始部落成员之间出现了分化，体魄健壮、能力超群者或者聪明智慧、经验丰富的人，成为部落的酋长或元老，成为部落的领导指挥阶层。而此时，原始巫术也已经形成了比较稳定的观点和仪式，需要一位有威望的人作巫术仪式的引导组织者，所以这些酋长或元老往往就成了最早的巫师。历史继续向前推进，原始社会发展到奴隶社会，人们对社会和自然的需求越来越多，巫觋的权力也越来越大。他们作为社会文化和知识的掌握者进入决策阶层，队伍也就越来越庞大。不过，随着人类社会的进步，巫觋们的那一套说法很快失去了在政治上、科学上和文化上的意义。早在奴隶社会晚期，统治阶级就开始认识到巫术的荒谬，开始敬德行、重人事、非天命，提倡以德治国，不再依靠巫术了。于是巫觋的权力和影响力逐渐缩小，他们在政治上、文化上的地位也逐渐被那些明白事理、崇尚德性、满腹经纶的政治家和学者所取代。这些巫师只好转移到相对来说还不那么开化的民间或乡下，靠欺骗文化水平相对较低的老百姓来糊口，这时的巫术就成为了名副其实的"民间巫术"。随着岁月的流逝，有些巫术深入人心，成了民俗。

风水与巫术

二、纷纭复杂的白巫术

（一）生育巫术

由于医疗条件差，古时候小孩子的成活率比较低，因此在小孩的孕育、生产和养育的过程中，就诞生了很多希望孩子健康成长的巫术活动。

就从"祈子巫术"讲起吧。什么叫祈子呢？祈，就是祈求、请求的意思。子，指的就是孩子。古代医疗条件不发达，而已婚的年轻妇女们又非常希望自己能有个孩子，因此就采用巫术来祈求神灵保佑自己能顺利地生下一个孩子。

"偷鞋求子"就是南方很多地区盛行的巫术习俗。据史料记载，江苏某地人们的祈子巫术是这样的：妇女没有孩子的，就要到送子观音面前，烧香祷告，然后暗中偷一只观音神龛前的绣花鞋，她们相信如果这样做，就能顺利生出孩子。祈子的人如果如愿生了个男孩，就要去还愿。而还愿时有一件事是必不可少的，那就是必须做两双精致的小鞋子送到庙里，这样后来的妇女们就有鞋子可以"偷"走了。而在北方，又有一种叫"拴娃娃"的巫术。想要生孩子的妇女们去附近的庙里（如子孙庙、城隍庙、土地庙等），参拜送子娘娘、城隍、土地等神灵。这种巫术仪式是这样的：求子的人要先准备一根一寸多长的红头绳或者红布条，带上贡品，到庙里上供、磕头、投香火钱，然后拿出绳子系在送子娘娘身边的娃娃脖子上，嘴上还要喊："回家找娘去！"边喊边走，还要连喊三遍。在有的地方，妇女们还要喊："有福的小子跟娘来，没福的小子坐庙台，姑家姥家都不去，跟着亲娘回家来。"喊完以后，要用红包袱把娃娃包好，抱回自家的炕头上，一天三次饭食供奉。如果碰巧真的生了孩子，就得给庙宇的主人丰厚的报酬。土家族还有一种独特的偷瓜习俗。人们把八月中秋节称作"偷瓜送子节"，在满月当空的夜色里，人们纷纷跑到冬瓜园里去偷瓜，给没有生育的人家送去。有的地方是公开送，敲锣打鼓、放鞭炮，像迎接新娘一样喜庆。有的地方半夜偷瓜以后，就用红布包裹得像婴儿一样，送到没有孩子的人家，放到他们的被窝里，还要假装小孩子哭，并且对主人家说"多子多福""长命富贵"这样的吉利话。主人如果第二年真的生出了宝宝，就要大摆宴席，招待偷瓜送子的邻居亲友。当然也要请被"偷"瓜的人大吃一顿，所以每当人们为了祈求能有孩子而去偷瓜的时候，瓜的主人都不会追究。

等到妇女怀了宝宝的时候，又有各种"禁忌巫术"。比如在饮食方面，孕妇不能吃螃蟹，因为怕孕妇吃了螃蟹就会使宝宝横着生出来；还不能吃兔子肉，因为他们认为吃了兔子肉，将来小孩子会像兔子那样"豁嘴"；还有不能吃驴肉、马肉等等。甚至一些简单的行为都会有禁忌，比如，不许动剪刀、针线，怕动了这些东西，就会生下没有耳朵或者睁不开眼睛的宝宝，还有不许孕妇手臂上举、不许她在门口张望、不许切肉、不许切鱼等等禁忌。

婴儿出生以后，要设宴"做满月"。其中最重要的一项活动就是给婴儿剃满月头。在嘉兴一带，有剃满月头时做"头发圆"的古俗。剃头前，由母亲，或者外婆、祖母，一面用手指蘸了绿茶轻轻在婴儿的额头和发面擦擦，一边擦，一边念叨："茶叶清白，囡囡头发清白。"然后剃发。母亲将剃下的头发小心收拢起来，就招呼家里养的小狗，一边摸着狗背上的毛，一边说："囡囡大起来乖，和小狗一样灵巧，一样大胆。"说完，从小狗背上拔下一些毛。再招过来家猫，一边摸着猫背，一边说："囡囡大起来乖，和小猫一样听话，一样活泼。"说完也拔下一些猫毛。最后，将婴儿的头发和狗毛、猫毛混合后，喷上绿茶水，

放在手心里搓圆，再串起那团头发，然后串上一个红枣，就做成了"头发圆"。他们把这种"头发圆"挂在婴儿的床头，据说可以保佑孩子像小猫小狗一样容易养大，而且聪明活泼。江苏还有一些地方，给小孩子剃头时不全剃光，要在脑后留一小撮头发，扎成小辫子，俗称"命根子"，据说也能保佑孩子。至于其他地方还有比如"蹲狗窝"、穿"百家衣"、吃"百家饭"等等活动，本质上都是巫术行为，都是希望借助众人的力量使孩子健康成长。

（二）婚恋巫术

爱情是人生的一件大事，为了获得心仪的姑娘（或小伙子）的爱情，恋爱的巫术广为流传。在壮族等少数民族地区就有为情人招魂的巫术。一般小伙子多请女巫，巫师头蒙被单，请神附体，不久她就进入了昏迷的状态，宣布神灵已经附体，于是女巫便代表小伙子的情人，与他一起唱歌，互相表达爱慕之情。小伙子也就因此相信一定能够得到那个姑娘的爱情。另外还有设法取得暗恋对象身上物品的，例如头发、指甲、衣服或饰品等等，在念过咒语之后，便认为对方必定会成为自己的妻子或丈夫。

此外，有关婚恋的巫术还有很多。首先，是"合婚"巫术。在很多地方，结婚之前，男方要拿到女方的生辰八字，就是出生日期，先压在"灶君"前的香炉下放着，如果三天或七天内家中平安无事，再请算命先生根据双方的生辰八字进行合婚，这种巫术又叫做"合八字"。如果在这期间发生了不愉快的事情，就说明两人不般配。还有的人则是到庙里求签，如果经过算命或者求签之后，显示不能结合，男方就会将女方的八字退还，并说明情况，双方就会平淡地告别，各去寻找合适的伴侣。如果经过算命或者求签后，都认为双方八字相配，或者求得吉利的签，而男方又觉得满意的，双方就可以走进婚礼的殿堂了。

再有，就是结婚时的巫术。结婚对每一个人都是举足轻重的大事，一般人

中国古代民间习俗

们都要郑重其事地选一个大吉大利的日子来举办婚礼。不过，在很久很久以前，举办婚礼的黄道吉日和好时辰都是由男方请的算命先生来决定的。选定的日子被叫做"好日"，男方将结婚日期写在帖子上送给女方，称作"道日帖子"。女方也要请算命先生算命，看看那个日子是否对自己家人不利，如果对家人不利，就会要求男方家重新选日子。最终定好了日期，男方还要请阴阳先生根据双方的生辰八字，决定结婚用房的朝向和新床摆放位置。必须请一对恩爱的夫妻来帮助新郎新娘铺床，床下要垫上写有"太平"或者"顺治"的铜钱，以求吉庆。

传统婚俗中，新娘子上轿前是一定要哭的，上轿时要头戴凤冠，身穿扎着玉带的古装，怀里还要揣本黄历，头上还要盖上红盖头。新娘子一下轿，等在旁边的人们就要一把把地将喂牲口的草料往新娘子头上扔，同时噼里啪啦地大放鞭炮，然后新娘子被人搀着，踩着黄踩布或麻袋（寓意早日传宗接代）来到天地桌前拜天地。桌上一般都会摆放着一张弓和三支箭，另外还有一面铜镜。双方拜完天地，新郎在前，手里拿着弓箭做射箭的姿势进入洞房，最后由专人拿着秤杆挑下新娘子的红盖头，新郎新娘才正式见面。民间相传这些具有巫术性质的避邪物品都是古代桃花女和周公斗智时留下来的：黄踩布、凤冠和玉带等，象征着尊贵的皇后，使得妖魔鬼怪不敢靠近新娘；怀里揣着黄历，凶神恶煞就不敢近身；天地桌上，准备的弓、箭、钩秤，据说是太上老君留下来的；铜镜是照妖镜；草料是给凶神恶煞的天马吃的；鞭炮也是用来驱除凶神的。这些婚礼习俗，虽然繁复，却一代一代沿袭下来，直到今天，在有些农村地区仍然能看得到。

（三）生产巫术

生产中的巫术是指那些通过巫术的神秘力量来解决生产能力和生产资料的问题，从而获得丰收的一系列巫术行为。比如促使农作物更快生长、防病除害、求雨求晴天、求牲畜健康成长、以及捕猎到更多的

猎物等等。特别是在农村，农民要种植各种农作物，但是从播种到收割的整个过程中，生产技术落后的限制和人们期盼丰收的强烈愿望总是产生强烈的矛盾。当人们对生产问题无可奈何的时候，就希望借助巫术的力量来达到喜获丰收的愿望。其中比较有特色的，就是求雨。

水是万物之源，人、牲畜、农作物都离不开水。但是古代生产力不发达，水利设施非常落后，一遇到旱灾，农业就没有收成。而在古代，农民普遍认为天旱是因为得罪了龙王爷，于是在干旱的日子里，他们就纷纷去求龙王爷开恩，给人间洒下甘霖。由此，就形成了一系列种类繁多的求雨巫术仪式。

山西晋中一带，习俗中有所谓的"七女祈雨法"。在祁县一带，天旱时，由村里挑选出七个聪明伶俐、品性优良、家门兴旺的年轻少女求雨。具体方法是：先把这七个少女家中所用的蜡烛搓配在一起，再把这七家的蜡和七家的炉灰用水调成稀泥，抹在村中一块光亮的方块石头上，上面放一个大罐子，盛满清水。之后，由七个少女扶着罐子的边沿，一边扶着一边转圈行走，嘴里念着类似咒语的求雨词："石头姑姑起，上天把雨去。三天下，唱灯艺，五天下，莲花大供。"就这样，这七个少女向龙神转达了村里人渴求降雨的热切愿望。

其实，求雨习俗在中国北方的河南、山东、河北、山西、东北、西北都有流行，但尤以山西为最。人们为求风调雨顺，采用各种办法求助于神灵，有以牲畜供奉的，有以人祷告的，还有抬着神位神像游乡展示以娱神的。有求雨神的，有扎泥龙、草龙挥舞的，有在大门外垂柳插技的，还有捕捉蛇、鱼、蛙等动物作为祈雨生物的。此外，还有专门用于惩罚旱魃的象征性表演。

除了民间以外，朝廷也会举办求雨活动。这是因为古代中国是一个以农牧生产为主的国度，雨水是农牧生产的命脉，影响到粮食收成的好坏，直接关系到国库的收入与王朝统治的稳定。所以，求雨受到了历代统治者的重视，从皇帝到知县，每遇天旱，都要设坛祭祀。祭祀时，贵为一朝之君的天子也要向龙王下跪，并以其作为一种典章仪式，这在史书上有专门的记载。如在山西，每次遇到天旱的时候，就要在城隍庙设立祭坛。一开始，县官要跪下来磕头，然后站起来抽签，祈祷某处龙神降水。并且传示乡里的居民洒扫街道，禁止屠杀马、牛这样的牲畜，至于鱼之类的生物就更不让杀了。此外，每个店铺、家庭的门口，都要设立龙神牌位、香案。僧众和架鼓吹手出城取水迎接龙神。知县率僚属穿着普通的衣服步行走出城外，迎接龙神进城，把龙神供奉在求雨的祭坛上，再跪下来磕头。每日辰、申二时，上两次香，乡老、僧众轮流跪下来磕头、念经。还要专门指派人去照料香烛，不让烛火熄掉。像这样要持续三天，如果下雨了，就要撤去祭坛，派百姓送水；如果干旱更加厉害了，就要率领手下官员集体吃斋，再去祭拜风神、雷神、山川神，每个庙都要拜。

关于求雨还有一段故事。林则徐任湖北总督时，湖北大旱，粮食歉收，粮价猛涨，路有饿殍。林则徐见状，立即倡议"捐廉贩米，平价便民"，鼓励官吏尽量输纳粮食，平价出售，以缓解百姓的忧苦。这本来是件好事，可是他的部属却个个面露难色。不久，林则徐发出命令，通告本省巡抚以下各级官员都必须按例斋戒数日，为登坛求雨做准备。到了求雨这天，林则徐带着各级官员，登上祭坛求雨。经过一阵繁复的仪式后，林则徐叫大家按次序在席子上坐下。当时骄阳似火，坛上既没撑伞盖，也没摆设茶水，大家暴晒在烈日下，挥汗如雨，口干舌燥，个个在心里叫苦。过了好久，林则徐见大家熬不住了，才开口说："现在应该喝点茶水了。"于是叫侍者把茶瓮抱了上来。林则徐先喝了一些，然后按次序传给各级官员，大家都渴得厉害，一下子就喝光了。过了一会儿，林则徐忽然张口大吐，接着各级官员也呼啦啦地吐了起

来。这时，林则徐点着头说："这就足以检查我们的心肠了。"然后叫大家不要把吐出来的东西弄掉，自己亲自检验，又叫侍者分别登记下来。只见各级官员吐出来的尽是荤腥之物，而林则徐吐出来的却是野菜淡饭。林则徐生气地说："为民请命，难道就是这样的吗？把老百姓的性命当做儿戏，毫无体恤之心，你们的良心何在？"各级官员羞愧难当，都跪下来叩头表示愿意尽力捐输粮食，平价卖给百姓。这样，当地老百姓终于度过饥荒，都满怀感激地称赞林则徐为"林青天"。

中国古代民间习俗

（四）辟邪巫术

还有一些巫术是用来避邪的。

辟邪，"辟"即"避"，"邪"即"凶""不好"。辟邪就是一类铭记历史教训，避免重蹈覆辙的信物。广义而言，民间使用的辟火、辟水、辟兵、辟车等都可称为辟邪。

辟邪起源于原始宗教中的恐怖符号，是禁忌的对象，与图腾相对。由于各部落的形成背景不同，他们的图腾和禁忌的对象也是不同的。

商周时期，青铜礼器上广泛应用的饕餮纹饰，就是一种辟邪。传说饕餮是一类猛兽，既贪婪又狠毒，"食人未半而死"。商代和西周以此为禁忌，将它的图案铸在青铜礼器表面，祭祀时，下面以炭火焚烧、上面以热水蒸煮，使它饱受折磨和煎熬，以表惩戒之意。

东汉时，人们又常以龟为辟邪，已见有龟形炉灶、龟形水壶等文物传世。传说龟为龙之九子之一，龙生了九个儿子，但没有一个成龙，尤其令人难堪的是，其中一个竟是龟。为了表示对这个儿子的惩治，人们使其陷于大苦，不是做成器物的形状用来烘煮，就是让它负重驮石碑，表示镇压。雷台汉墓中，有八只石龟分别置于两具棺椁的四角，即是"镇压"的意思，表达了雷台汉墓主人对不肖子孙的忿忿之情，其情形无异于破口大骂。

南宋抗金名将岳飞是民族英雄，但被秦桧夫妇陷害，以"莫须有"的荒谬罪名处死。后人为了惩罚陷害岳飞的千古罪人，就以秦桧夫妇为辟邪，铸像于岳坟旁边，以示做戒。

还有一种神兽专门叫做辟邪，就是貔貅。貔貅又名天禄，是中国古代神话传说中的一种神兽，它有龙的头、马的身、麟的脚，形状似狮子，毛色灰白，会飞。貔貅凶猛威武，它在天上负责巡视，阻止妖魔鬼怪、瘟疫疾病等扰乱天庭。古时候人们也常用貔貅来称呼军队。另外，这种神兽有一个非同寻常的特点，就是有嘴无肛门，能吞万物却什么都不排出来，于是人们附会说它只进不出、神通特异，可以用来招财聚宝，所以直到现在也有很多中国人佩戴貔貅样子的玉制品，尤其是商业人士。

今天所见的最早的玉器上的辟邪，是汉魏至南北朝时代的出土文物。到现在为止，汉代遗址和墓葬中共出土了三件玉辟邪，其中两件是1966年在陕西省咸阳市西汉渭陵遗址出土的，一件高2.5厘米，长5.8厘米，圆雕，作昂首前视的形状，张着嘴露出牙齿，头顶中部有一只角，下巴有胡子，尾巴垂在地上，腹部两侧有带羽毛的翅膀，表面保留一些原玉璞皮质的颜色，挺胸伏卧在地上。另一件高5.4厘米，长7厘米，也是圆雕，但是目视前方，作向前抓捕猎物的爬行状。玉辟邪的第三件出土品是1978年在陕西省宝鸡市的一座东汉墓出土的，这一件比较高大，高18.5厘米，长18厘米，形状与西汉渭陵遗址出土的两件相似，但背上有圆筒式样的插座，脑后有方筒形插座，另外头和身上的圈纹、平行线纹与西汉的有些差异。除上述三件玉辟邪外，在东汉和魏晋南北朝的墓中还常见用琥珀、蜜蜡和石料制作的辟邪，还有在陵墓前雕塑辟邪兽作镇墓用的。

汉至魏晋南北朝时期的玉辟邪，至今仍有一批早年出土

风水与巫术

或传世品，其中比较精美的有北京故宫博物院所收藏的四件，台北故宫博物院所藏的一件，还有一些散佚传世品。上述各器形态与出土三件很接近，只是有的为双角，有的以纹图等形式琢饰在器皿上。其中北京故宫博物院藏一件辟邪式水呈尤其特别，其上除整器是一双角辟邪且较大外，又于其胸腹间爬行两只小辟邪，后者或即其子。这种玉辟邪，自唐代以后极少见，及至清代中期，特别在清乾隆年间，又以新的形式出现。如清代中期的一件玉辟邪器，同时采用了立雕加镂雕和浮雕，线刻而为，作子线和大小不同的三辟邪复合为一器。各辟邪都是双角，背部有齿状凸脊，外表光滑没有纹，也没有羽毛翅膀，头顶有双角，下巴有胡须，形状像狮子或老虎，大小不等，形态各异，栩栩如生。今天市场上出售的辟邪，大多是仿照这种样子制成的。

在古时，辟邪的主要任务是守护，人们"总把新桃换旧符"就源于此。因此，东汉时宫殿、陵墓神道等多放置这种东西作为镇墓之宝。汉代的神兽多有翼，造型相似，如辟邪、羽人、翼兽等，这些雕塑都体现了东汉升仙思想的流行。在唐代之后，这种辟邪翼兽就不多见了，随之而来的是以狮为主的雕塑艺术。

世界上根本就没有鬼神。前面提到的这些巫术其实已经演化成了人们企求幸福的一种民俗，虽然也属于巫术，但是迷信的色彩减弱了很多。

（五）治病巫术

古代的中医都是根据脉象辨证医治，是有根有据的，也是科学的。而仙姑、神汉则是采用问病、卜灾等占卜形式或干脆用装神弄鬼的方式来决断。装神弄鬼，是大多数巫觋采用的方式，巫师假装与神灵沟通，再告诉患者得病的原因是得罪了何方神圣，或是被什么鬼怪把魂魄夺去了。

有些巫术治病比较简单，有的则极为复杂，巫师往往要使出浑身解数，表现得筋疲力尽。巫术治病大概包括招魂和驱鬼斩妖降魔两种方式：

招魂就是把病人丢失的魂魄找回来，分为两种：为生者招魂和为死者招魂。在古代民间的观念中，有些病是人的灵魂给鬼怪或者妖魔捉去了，或者是受了惊吓，魂魄掉在某个地方了，所以只要通过喊魂把人的魂魄找回来，病就会好了。这种巫术还有个很恐怖的名字—叫魂。以浙江一带为例，凡是遇到小孩子得病，就要叫魂。叫魂一般由女性叫，她要手提一盏灯笼，灯笼上面要披上一件病者的衣服。叫魂时要准备一杆秤以及小镜子、剪刀之类的小东西，还有一样很重要的东西—茶米叶。剪刀、尺子、秤传说都是可以避邪的东西；米里面混合着茶叶，传说也是避邪的。叫魂的妇女要一边叫，一边撒茶叶米。一路撒去，嘴里还要喊着："东边怕去东边归来，西边怕去西边归来，南边怕去南边归来，北边怕去北边归来，哪里怕去哪里归来。"叫魂一般在清晨或者傍晚进行，有的时候也在半夜三更进行，大体以清晨、傍晚居多。

还有就是驱鬼斩妖降魔的方式，这是对鬼施行的一种攻击性巫术，在生产、建房、治病、丧葬中经常使用，是民间巫师的最主要工作。大致是通过驱鬼、斩妖、降魔等巫术行为，赶走、命令或吓退作祟的鬼怪妖魔，使病人恢复健康。在施行的过程中，往往综合运用符箓、咒语、法术这样的巫术手段。

比如治疗骨瘦如柴的病人，巫师就会认为病人得了干病，必定会有干病鬼在这里捣乱，这时巫师就要出马赶走干病鬼。治病的时候要用一只猴子代表干病鬼，对这只猴子实施一通法事以后，就把它带回山上，再扎一个稻草人固定在猴子身上，然后把它放走，这个举动就象征着干病鬼把疾病带走了。草人和猴子都被看成是疾病或者病鬼的代表，将它们驱赶走，就意味着鬼被赶走了，病治好了。

如果患者迟迟不好，那么患者家属就倒霉了，巫师往往会讹诈家属许多钱。而巫师所做的只是把各种各样的桃符粘贴在病人的床上或者悬挂在房间里，说这样就能请来神明赶走那些捣乱的妖魔鬼怪。如果患者的病

再不好，巫师就会趁家属心急如焚的时候悄悄卷铺盖溜走。

还有些巫术，在生活中会经常看到。比如说在马路上看到明显的一堆药渣，碍眼不说，踩上了也很不舒服，殊不知这就是迷信的人施行的一种巫术。这种巫术是这样的，家里有病人的，在病人病痛的部位放一枚钱币或者较为贵重的东西，然后丢在路上让人随便捡走，认为通过这样疾病就会被转移到捡东西的人身上。或者是把病人喝剩下来的药渣，倒在路中间，让行人践踏，认为踩到了药渣的人就会带走疾病，病人也会痊愈。其实，如果真的有神明存在的话，只有善良的人才能得到神明的保佑，像这种损人利己的行为怎么会治好病呢？

我国的少数民族也有很多用巫术治病的风俗。比如，凉山彝族毕摩为病人治病时，让病人坐在门口，头顶一个竹簸箕，毕摩大叫"把害人的鬼抓住，快抓住他"，同时命助手持锹把火塘灰撒向病人头顶，利用灰把鬼赶走。彝族巫师苏尼在驱鬼时，在火塘边摆许多贡品，他绕火塘而行，一边敲羊皮鼓，一面请各位山神降临，随后突然把一个陶罐口打开，说："把鬼捉住了，快放在陶罐里。"说完立即把口封住，并喊："害人的鬼，我要烧死你！"说完，苏尼把陶罐中的鬼倒进火塘，并说："鬼啊，你等着吧，到竹筐能盛水时，你再回来。"还有用纸船明烛照天烧、婚礼上用箭射新娘、迈火盆等等，汉族的许多驱鬼巫术后来被道教继承下来，符、剑、印、镜是道士的主要驱鬼工具。

除了以上这些巫术仪式外，可能还伴随有一些治疗手段，比如喝"圣水"、吃香灰之类。巫师就是这样利用一些百姓不懂医药知识，用脏水和灰烬这些一文不值的东西来骗取钱财，耽误了患者治疗疾病。

这里要说明的是，无论叫魂，还是驱鬼，巫术都是通过对"鬼魂"的仪式性处理、控制和消除威胁带来的恐惧。巫术的历史，要比医学的历史久远得多。可以说是先有巫术，后有医学。因为在远古时期，人们把原因不明的危险、威胁和疾病，都看成是有神秘的外力在支配，看做有妖魔鬼怪在兴风作浪。这样一来，驱妖降魔的巫术，也就应运而生。巫术在本质上，就是一系列神秘的仪式，通过复杂的仪式，将无形的威胁和危险，变成似乎看得见摸得着的"鬼魂"，通过对"鬼魂"的仪式性处理，来控制和消除危险和威胁带来的恐惧。这种仪式，对群体的心理，有一定的镇定安宁作用。

其实，巫术中的仪式，仅仅是仪式而已，并没有因为仪式而使现实真的发生什么变化，危险和威胁依然存在。不过，借助巫术的仪式，使人们对危险和威胁的感觉发生了某种变化，捉摸不定的危险变得似乎可以把握了，沮丧和绝望变成了希望，人们的信心也得到了一定的强化，处理危机和危险的能力也得到了相应的提高。因而，也就在人们的心理上提高了对自然的适应性。如果恰好危险在这一过程中消失了，人们会把这种巧合归功于巫术，再通过流传者的想象与夸大，巫术就变得越来越神了。人们就逐渐地开始迷信巫术的神奇力量，这反过来更加提高了巫术的心理影响能力，在一定的文化氛围内，巫术就具有了一定的精神治疗能力。进而在现实中，也的确可以在一定程度上改善一些器质性的疾病，并且能够治愈功能性疾病。从这个角度讲，巫术是心理治疗的鼻祖。在系统科学的心理治疗方法产生之前，巫师就不自觉地充当着原始的心理治疗师，巫术，因而也就发挥着原始的心理治疗作用。

举个例子，如果有一天有个人突然对你说："你怎么这么瘦弱，是不是病了？"这句不经意的话你起初可能还不太在意，但是，不知不觉地，你也许真的会觉得头重脚轻，浑身隐隐作痛，似乎自己真的病了似的。最后，竟然觉得挺不住了，只有在医院经过一番详细的检查，由权威的医生向你宣布"没病"之后，你才会在病床上一跃而起，三步并做两步地走下楼去，与先前的"准病人"判若两人。这种现象初看起来，似乎很奇怪，也有些令人迷惑不解，实际上是心理暗示在起作用。同样，巫术也是采取心理暗示来治疗疾病的。这里所谓的暗示作用，本质上就是放弃自我控制，将自己的安全全部托付给所迷信的权威，遵从所谓全能的权威的

指令和判断。在这个过程中，对于受暗示者，权威的语言具有非常重要的作用，有决定性的影响力，一个比较成功的暗示，甚至可以使受暗示者的个人观点被施行暗示的权威者的观点完全取代。所以包括巫术在内的所有暗示术，都必须有一套驱除被暗示者的自我意识和自我判断的方法。换句话说，巫术在本质上，是一种古老的民间暗示术，通过巫术的这一系列仪式，把巫师置于至高无上的权威位置，而把受巫术或受暗示者置于非常从属、非常被动、非常服从、非常渺小、非常无能的地位，使之接受巫师的治疗性语言暗示，达到消除一定的身心症状的目的。尽管治疗方法极不科学，而且疗效微乎其微，但这毕竟是原始社会有限条件下的治疗手段。对暗示性巫术的依赖和迷信，会导致人格退化，养成依赖和迷信的心理模式。

从暗示的角度讲，巫术的确可以缓解一些功能性障碍或疾病。但是，用巫术治病有很多弊端。首先，暗示作用的效果很短暂，疾病很容易复发，根本没有办法完全治愈；第二点，也是非常重要的一点，对暗示性巫术的依赖和迷信，会导致病人格退化，培养出的那种依赖和迷信的心理模式，使人们更容易受环境和压力的影响，在治病的同时，又增加了致病的可能性，最终，可能还是得不偿失的；第三点，许多巫医连基本医学常识都不具备，纯粹是为了金钱才去装神弄鬼、蒙人骗钱，甚至实施犯罪，让许多人深受其害。

（六）丧葬巫术

人的一生终结时会走向坟墓，而坟墓的一端便是人们无法了解的未知世界，正因为如此，神秘未知也就成为巫术活跃的市场。丧葬习俗是灵魂观念的产物。我们中国人重视祖先，因而也重视葬丧，古人认为祖先虽然死了，但是他们的灵魂永存，并且在冥冥之中保佑着子孙们的富乐安康。在古代，有关丧葬的种种风俗中都有巫术的存在。

在很多地方，死者的尸体安排就绪之后，就要举行招魂仪式，这就是前面所说的为死者招魂。据说，客死在他乡的魂魄找不到归途，就会跟他的尸体一样停留在异乡，忍受着无穷无尽的凄苦。他也不能享受香火的奉祀、食物的供养和经文的超度。这个孤魂就会成为一个最悲惨的饿鬼，永远轮回于异地，长久地漂泊，没有投胎转世的希望。除非他的家人替他"招魂"，他听到那企望着他的声音，才能循着声音归来。

招魂仪式的举行非常谨慎，必须选择一个合适的日子。到了那天，丧家就在门前的树上挂招魂幡或招魂帛。有的地方死者亲属还要登上屋顶呼喊，让死者的灵魂回家来。据说，满族等游牧民族有种风俗，在草原上，如果看到哪座帐篷前立起了大幡，就知道哪家死了人，大家就都来吊唁，帮助料理丧事，后来这成了满族人普遍的丧俗。

在史料的记载中，招魂的仪式起源非常早。周代的一些文献中就说，死者亲属手拿死者的衣服面北喊叫，如果死者是男的，就呼名呼字，连呼三声，以期望死者的魂魄返回到衣服上，然后从屋的后面下来，把衣服敷在死者的身上，这件衣服又叫做"腹衣服"。这件"衣服"被人所穿着，染上了人的肌肤香泽，有着"肉体"和"气息"的双重联系；魂魄也许会被它吸引，依着熟悉的味道或形状而归附回来。据说傣族过去几乎家家都准备着叫魂的"魂箩"，招魂的时候，就把死者生前的衣服装在竹箩里，放上白米和白线，用以招魂。

有的招魂仪式是非常有职业特征的，比如渔民就有一套特殊的祭奠习俗。渔民不幸葬身大海之后，因为往往无法找回尸体，他的家属就用稻

草人代替尸体，穿上死者生前的衣服，在家里摆设起"灵堂"。同时，在村外的海边，要请道士为死者招魂。招魂要在夜间潮水初涨时进行，死者的亲人到海边去叫喊，把失落在海里的"阴魂"喊回来，招进稻草人中，再进行安葬。这种招魂仪式，叫做"潮魂"。亲属要先在海边搭起一个小小的"醮台"，然后到了傍晚，就在帐篷里点起香烛，中间放着稻草人，身上贴着死者的生辰八字。等到晚上涨潮的时候，道士坐在"醮台"上，敲响钟磬铙钹，嘴里念着咒语。这时候，"醮台"前后就点燃一堆堆的篝火，有人手拿一杆带根的毛竹，顶梢上挂着箩筐，里面装一只雄鸡，

面对大海，随着道士的咒语，不停地摇晃着毛竹。也有的由死者家属披麻戴孝，提着有字的灯笼，高声呼叫死者的名字——某某来呀！某某来呀！声音非常凄凉。然后，由一个孩子或者亲属代替答应道："来喽！来喽！"一呼一应，直到潮水涨平，才由道士引魂回家。到了第二天，亲属才把稻草人放进棺材，送到山上去安葬。

　　古人认为人死亡后，灵魂当然就要离开肉体。但在茫茫的阴间，死者从哪里走呢？于是下一个程序就是由活着的人来给他"指路"，"指路"就是为鬼魂指引升天的道路。在北方一些宗教的亡灵世界里，亡灵的"回归"需要巫师的帮助和引导。首先，先上一条道，继续向前走去，就分出许多岔道，这是按照死者的不同性别设的小道。亡魂走上自己氏族的道，要渡过一条河，那里有许多白骨。在这种作法下，据说可以让亡灵安全渡河。

　　如果死者是寿终正寝的，那么，还有专门的一套丧葬仪式。比如过去在上海农村，病人在家中咽下了最后一口气之后，要将死者的尸体洗干净，换上干净的内衣裤，再从卧室移动到厅堂的停尸板上，称作"移尸中堂"。尸体头朝

南，脚朝北，有些人家因为房屋的限制，也可以将尸体的头朝里，脚朝外。在移尸中堂时，要卸下堂庭的门板——没有宾客的人家，就卸下正门的门板，习俗认为大开正门，死者的灵魂便可以顺利出门。在大门槛内盛一碗清水，称为"迷魂汤"；在死者头边放置荷包蛋一个、饭一碗，称为"羹饭"，还在死者身边放一盏油灯。当天晚上，死者的家人还要请来和尚、道士在灵前通宵念经，超度亡魂。有时念一夜，有时要连续念经三夜，更长的能达到七夜，这具体要看死者家里的财力和当时的气温。据说这样做，能够避免死者坠落地狱，使其升入天堂。出殡这一天，要诵经拜忏，还要举行各种各样的法事。

三、种类繁多的黑巫术

（一）专门害人的巫术

除了为保护自身而避灾驱邪和祈求保佑的白巫术外，还有一种出于恶意，目的在于谋害别人的黑巫术，其中最恐怖的就是诅咒和蛊术。

所谓的诅咒就是借助语言的魔力，达到加害对方的目的。最常见的形式是面对面的诅咒，如咒骂对方不得好死、千刀万剐等等。更多的是通过诅咒对方的姓名达到巫术的目的。过去在东北地区有一种蒸猫诅咒，如失主发现某人偷了自己的财物又耍赖不肯承认，就将偷者的姓名和生辰八字写在纸上，与一只猫一起放在蒸笼内蒸煮，猫在笼中挣扎惨叫，失者便诅咒偷者也像猫一样，不得好死。另外傣族有一种"放罗"巫术，目的是挑拨别人的夫妻关系，自己好乘虚而入。具体做法是从夫妻家坟地的篱笆上取两枚竹片，刻上："你俩胸上长刺，不能彼此拥抱，只能像隔河相望一样。"然后把刻了字的竹片放于对方竹楼下，认为三天内就会让对方夫妻失和。

用以加害仇敌的巫术起源于远古时期，包括诅咒、射偶人（偶人厌胜）和毒蛊等。诅咒在原始社会就已经很盛行，古人认为以言语诅咒能使仇敌或敌国遭遇灾害。《左传》上记载，郑伯出兵征讨许国，颍考叔被本国大夫公孙阏用暗箭射死。战争结束后，郑伯为惩治射杀颍考叔的凶手，命军队放出许多猪、狗和鸡，一边诅咒一边射杀。汉代诅咒术十分盛行，所以统治者立法严惩诅咒者，规定可以处以死刑。当时流行的射偶人，是用木、土或纸做成仇家偶像，暗藏于某处，每日诅咒之，或用箭射之，用针刺之，认为如此可以使仇人得病身亡。西汉武帝晚年，奸臣江充诈称武帝得病是由于巫蛊作祟，其实是他事先埋设了偶人，然后诬陷是太子做的，结果造成太子及其家属全部遇难，前后连累共数万人身亡。《红楼梦》中也写到了赵姨娘买通女巫马道婆，用剪纸人和做木偶人的方式陷害凤姐与宝玉。毒蛊是指用毒虫害人。又称蛊毒、放蛊、蛊术等，历代法律同样严禁，从汉代起就规定，对放蛊者处以斩刑。近代，福建、广东以及西南少数民族中行毒蛊的人比较多，而且名目繁多。如《汉书·武五子传》："昭帝时，胥见上年少无子，有觊欲心，而楚地巫鬼，胥迎女巫李女须，使下神祝诅……祝诅事发觉，胥惶恐，药杀巫及宫人二十余人以绝口。"胥，指文陵厉王刘胥。

其实，巫蛊早在秦汉时期就有了，并且汉代的法律和唐代的法律都明令禁止施行巫蛊之术。如汉代的法律规定，如果某个人家里饲养的蛊虫已经成形并且致人死亡，那么这个人要处以极刑，家人流放三千里。唐代也有类似的规定，饲养蛊未成形者流放，成形者杀头。

通俗的讲，蛊其实就是一种毒虫，所说的巫蛊之术就是用这些毒虫的毒素去害人，因为古时候缺乏医学知识，所以人们才将这一现象和巫术联系到一起。

（二）巫蛊之祸

世界上恐怕并没有害人的巫术，要害人的只是生活中的人罢了。巫术只是一个幌子，被人所利用，人们借它发泄仇恨、嫉妒等情感。历史上巫蛊惹出的祸事可不少，最著名的要数汉武帝时期的巫蛊之祸。

这场巫蛊之祸因为牵涉到最高统治者，所以成了汉武帝末年的重大政治事件。汉武帝刘彻在中国历史上是个雄才大略、功业赫赫的皇帝，但他晚年却讲求奢华，经常大兴土木，使得原本丰盈的国库变得空空如也。汉武帝晚年还极其暴戾，任用了许多酷吏，对犯人加重刑罚，草菅人命、杀人如麻。这引起了许多人的不满，但大臣们在皇帝面前都默不作声。皇太子刘据是个正直、关心百姓疾苦的人，他经常

劝武帝减轻老百姓的负担，实行宽厚仁慈的政策，让百姓休养生息。可是久而久之，却引起了武帝的不满和怨恨。武帝对太子感情的变化也为太子日后陷于绝地埋下了伏笔。

当时的民间很流行巫蛊，有许多人都自己制作木头人，并刻上所怨恨之人的名字，放到地下或者房子里，施加诅咒，以期盼仇人遭到祸患。后来，随着民间巫蛊的盛行，皇宫禁地也开始有宫女、后妃暗地里埋藏木头人，用来诅咒久不宠爱她们的皇帝或心中怨恨的皇后。

这本是一种巫术、一种迷信，寄托着人的愤恨之情，但处于人生暮年的汉武帝却对此深信不疑，他相信那些木头人的作用，惧怕那些木头人在暗中的影响力。有一天中午，汉武帝在床上小睡，忽然梦见一堆拿着棍棒的木头人向他打过来，他一下子从梦中惊醒，冷汗淋淋，赶紧召见了江充，命他查办此事，找出暗中诅咒自己的人。不曾想，这个心狠手辣的小人，把武帝的差事当成了报复仇人、打击异己的好机会。江充扩大了此事的规模，在皇宫中大张旗鼓地到处发掘木头人，甚至用烧红了的铁器虐待嫌疑人，一时间宫中人心惶惶。没过多久，许多平日里与江充有隙的人都顶了个"诅咒皇帝"的罪名，做了他手下的屈死鬼。在这场冤案中，普通的宫女、太监就不必说了，连丞相公孙贺一家都受到了牵连，甚至连卫皇后的女儿阳石公主、诸邑公主都被迷失本性的汉武帝斩杀了。

江充见到武帝对巫蛊的迷信已经到了不惜对自己的亲生女儿下手的地步，就胆大包天地把毒手伸向了自己早就心怀不满的太子身上。他先是到武帝那大造声势，说："皇宫里确实有人诅咒皇帝，巫蛊气很重，要是不把那些埋藏的木头人都挖出来，皇上的病恐怕难以根除啊。"于是武帝特批江充带一大批人在皇宫里到处发掘木头人。他们先从跟汉武帝比较疏远的后宫开始，一直搜查到卫皇后和太子刘据的住处，屋里屋外都给掘遍了，可是连一块木头的影子都没看见。江充仍不死心，一心想置太子于死地，他竟然趁别人不注意，把事先准备好的木头人拿出来，大肆宣扬说："在太子宫里挖掘出了木头人，还发现了太子书写的帛书，上面写着诅咒皇上的话。我们应该马上奏明皇上，办他的死罪。"太子见江充下如此毒手，打算立即到甘泉宫向皇帝解释，希望武帝能够赦免自己。江充当然不敢放走太子，派手下拦住太子的车马，说什么也不放行。情急之下，太子刘据让一个心腹装扮成武帝派来的使者，把江充等人都监押起来。太子大骂江充说："你这个奸臣，现在还想挑拨我们父子的关系吗？"说完下令武士将江充斩首示众。

眼看事情就要出现转机，太子的冤屈就要真相大白，然而一件意想不到的事情发生了一宦官苏文等人在混乱中逃了出去，编造太子起兵造反的谎言，报告给了武帝，冲昏了头脑的武帝竟信以为真，下诏书捉拿太子。太子无奈只好打开武库，把京城里的囚犯武装起来，抵抗前来镇压"造反"的军队，但终因寡不敌众而失败。于是太子刘据带着他的两个儿子逃向南门，守门官田仁放了太子一马，太子逃出长安，跑到湖县的一个老百姓家里藏了起来。然而不久，新安县令李寿得知了太子的下落，为了邀功领赏，火速带人马来捉拿太子一家。这时，无路可逃的太子只好悬梁自尽。他的两个儿子和那个可怜的老百姓都被李寿的手下杀死了。后来汉武帝派人调查，才知道卫皇后和太子刘据从来没有埋过木头人，这一切都是江充搞的鬼。在这场祸乱中，武帝失去了一个儿子和两个孙子，又悲伤又后悔。于是，他下令灭了江充的宗族，活活烧死宦官苏文，其他参与此事的大臣也都被处死。

最后，汉武帝越想越难过，就派人在湖县修建了一座宫殿，叫做"思子宫"，又造了一座高台，叫做"归来望思之台"，借以寄托他对太子刘据和那两个孙子的思念。

（三）西门豹沉巫

很久很久以前，西门豹任邺县的县令。他一到邺县，就召集地方上年纪大的人，问他们老百姓有什么要申诉的疾苦。这些人纷纷回答说："最苦的是给河伯娶媳妇，就因为这件事，本地民穷财尽。"西门豹忙

问这是怎么回事，这些人回答说："邺县的大小官员每年都要向老百姓征收赋税、搜刮钱财，这笔钱有好几百万之多，但是他们只用其中的二三十万为河伯娶媳妇，剩下的钱就和祝巫一同分了！"西门豹了解到，每当给河伯娶媳妇的时候，巫婆看上哪个人家的漂亮女子，便说："这女子合适做河伯的媳妇。"然马上下聘礼"娶"她。给她洗头、洗澡，做新的丝绸花衣，让她独自居住并沐浴斋戒；并为此在河边上给她做好供闲居、斋戒用的房子，挂起赤黄色和大红色的绸帐，这个女子就住在那里面，有专人给她备办牛肉和酒食。这样经过十几天，大家又一起装饰点缀床铺枕席，让这个女子坐在上面，然后把床浮到河中。床起初在水面上漂浮着，漂了几十里就沉没了。那些有漂亮女子的人家，担心巫婆们挑中他们的女儿，因此大多带着自己的女儿远走他乡。于是，城里越来越空荡无人，也越来越贫困了。这种情况已经持续很久了。有谣言说："假如不给河伯娶媳妇，就会大水泛滥，把那些老百姓都淹死。"西门豹听完后心里很气愤，但他面不改色地说："到了给河伯娶媳妇的时候，希望大家都到河边去送新娘，麻烦来通知我一声，我也要去送送这个被选做新娘的女子。"

到了为河伯娶媳妇的日子，西门豹来到河边与众人相会。大小官员，还有有钱有势的人、地方上的父老也都聚集在此，看热闹的老百姓也有两三千人。那个施行仪式的女巫是个老婆子，已经七十岁了。跟着来的女弟子有十多个人，都身穿丝绸做的单衣，站在老巫婆的后面。西门豹说："叫河伯的媳妇过来，我得把把关，看看她长得漂亮不漂亮。"人们马上扶着那个女子出了帷帐，走到西门豹面前。西门豹看了看这个女子，回头对三老、巫祝、父老们说："这个女子也不漂亮啊，麻烦大巫婆替我到河里转告河伯，这个女子不合格，需要再重新找一个漂亮的女子，迟几天再给您送过去。"没等官员们反应过来，西门豹紧接着就叫差役们一齐抱起大巫婆，把她抛进河中，围观者都目瞪口呆，巫婆的女弟子更是吓得忐忑不安、浑身发抖。过了一会儿，西门豹又说："巫婆为

中国古代民间习俗

104

什么去这么久？叫她弟子去催催她！"于是又把她的一个弟子抛到河中。再过一会儿，又说："这个弟子为什么也去这么久？再派一个人去催催她们！"就又抛了一个弟子到河中，总共抛了三个弟子。西门豹说："巫婆、弟子，这些都是女人，没法把事情说清楚。请三老替我去说明情况。"接着又把三老抛到河中。西门豹拿着笔，弯着腰，恭恭敬敬地面对着河站着等了很久。长老、廷掾等人在旁边看着，个个心惊胆战。西门豹又说："巫婆、三老居然都不回来，怎么办？是不是再派一个廷掾或者豪长到河里去催他们啊？"这些人都吓得在地上叩头，把头都叩破了，额头上的血流了一地，面如死灰，非常难看。看到这一情景，西门豹便提高声音对在场的所有人说："河伯娶媳妇本是骗人的把戏，居然弄得如此劳民伤财，草菅人命，如果以后谁再操办这件事，我就先把谁扔到河里去见河伯。"从此，邺县河神娶媳妇的巫术闹剧就此绝迹了。

之后，西门豹征发百姓挖了十二条渠，把黄河水引来灌溉农田，田地都得到了灌溉。刚开始的时候，老百姓对开渠感到有些厌烦劳累，于是就不大愿意接着挖，对西门豹的抱怨也接踵而至。西门豹私下与人说："老百姓啊，我们可以和他们共同为成功而快乐，但不可以和他们一起考虑事情。现在父老子弟虽然认为我的命令让他们受苦受累，但百年以后父老子孙会知道我为他们做了一件好事。"后来渠挖好了，整个邺县的水利问题都得到了解决，再也没有水害了，老百姓因此而家给户足、生活富裕。

四、风水简论与风水起源

（一）关于风水

　　家是人们的栖息地，是人们的港湾，所以居住问题在人们的生活中是一件大事，住所的功能与人们物质和精神的各种基本需求有密切的关系。有了可以居住的房屋，人们就可以免遭流徙漂泊、风餐露宿的艰苦生活，可以在房屋里婚嫁立业、生儿育女、治病养老等等。古代人认为人的命运与住房有很大关系，所以他们对住所的选择和营建非常重视。这种重视体现在：一方面，他们不断地完善住宅的建造经验和技术，使得居住条件不断提高；另一方面他们运用特殊的居住仪俗来寄托生活理想，寻求精神安慰。此外，随着鬼神观念的盛行，人们也开始重视先人的墓葬，而且在很多时候，他们对先人墓葬的重视绝不亚于为活人盖房子。人们希望通过一些巫术手段来选择住宅和墓地的位置，以便使自己得到鬼神及祖先的保佑，因而就产生了"风水"的说法。

　　这里所谓的"风水"是中国古代的一种迷信，认为住宅的地基或者墓地周围的风向、水流等形势，能影响到这里的人或者埋在这里的人一家的祸福。古代的人们都认为宇宙中存在着一种"气"，它"遇风则散，遇水则止"。凡是能聚集"气"的地方，就是风水好的地方；凡是发散"气"的地方，风水就不好。

关于研究和使用"风水"的方法就是"风水术"。简单地说，风水术就是通过对住屋方位、居住环境、住房规模和形式以及营造时间的选择来预测、影响居住者的前程，所以，它实质上是一种巫术。它是以住房为主要对象讲所谓的"命理"，也就是有关命运理论的巫术，因而又被一些专家学者划入民俗文化的范畴。

除此之外，"风水"还有另一种名称，叫做"堪舆"。古代的人认为，"堪，天道也；舆，地道也"。因此，后来人们就把堪和舆看成是天地的代表。其实在古人的字典里，"堪"是指地面突起的地方，"舆"是指地面凹下的地方，所谓的"堪舆学"，就是相宅、相墓的方式，也就是审查住宅的基地或者墓地周围的形势。古时候的"堪舆家"，就是现在人们常说的"风水先生"。

（二）风水的起源

有关风水的学问，在中国可以说是由来已久、源远流长，甚至可以追溯到远古时代。

在原始社会，虽然没有风水的说法，但因恶劣的自然环境对人提出的生存挑战，又值农牧社会之故，当时的人们必须"择地而居"，选择"近水向阳"这样适宜人类繁衍生息的地方，这是一种适应性的选择。进入文明社会以后，风水学说很快就能在文字记载里见到了，例如甲骨文中就有许多关于卜宅的记录。后世发掘出的大量甲骨文卜辞和《诗经》可以向我们展示当时人的看法：在商周时期，人们就将陆地区分为山、埠、丘、原、陵、冈等不同的地形地貌，将水域分为川、泉、河、涧、沼、泽、江、沱等，当时对大地的差异性有极为细致的分类，为日后的风水、风水术的发展奠定了基础。在《尚书》中，将当时的疆域以河流、山脉为界，划分成九州，这也是后来中

风水与巫术

107

国称为"九州"的由来。在《周礼》中出现了这样的文字："以土宜之法，辨十有二土之名物，以相民宅而卸其利害，以阜人民，以蕃鸟兽，以毓草木。"从这里就开始出现"相民宅"的说法，并出现了"土宜法"这种相地的知识。《逸周书》上记载："土宜天时，百物行治。"可以从中看出"土宜"二字呼应天时，附天和观地是当时百物遵行的规则，也是一般人行事的方法，这也就成为后世风水术的依据。周朝，周武王营建洛邑时，就命令周公相地，《尚书》记载："召公既相宅，周公往营成周，使来告卜。"可见周朝人相信占卜，而周公也是一位相地高手。

战国先秦时期，各种学术兴起，随着《周易》和阴阳五行学说的发展盛行，开始建立以"仰观天文，俯察地理"为主导的风水观念。秦始皇统一中国后，不仅承袭了以往的"土宜"观念，而且使之更加具体，同时开始产生了"气"的观念。《晋书》中记载："始皇时，望气者云'五百年后金陵有天子气'，故始皇东游以压之，改其地曰秣陵，堑北山以绝其势。"也就是说当时有了"望气者"的说法，这也算是早期的风水先生。又据《太平寰宇记》卷九十五记载，秦代的长水县有一座山，秦始皇听术士说那山上有王气，派遣一批死囚去挖山，但是最后囚徒们受不了劳苦，偷偷一哄而散。还有古代著名的阿房宫，是秦始皇建造的大型宫殿。它占地近三百里，离宫别馆遍布在山谷里，以南山为宫门，以樊川做池子，阿房前殿可坐近万人。秦始皇动用了七十万民夫，挖空了骊山，穿透了三重土壤，规模之大，真可以说是空前绝后。此外，始皇陵占地广阔，规模更加宏大。这两大工程的实施，说明秦代相地水平是很高的，从中也不难体会到秦代地理勘察技术的高超。在某种程度上，也可看出当时风水术的发达。

其实早在先秦时期就有相宅活动，一方面是相活人的居所，一方面是相死人的墓地。《尚书》记载："成王在丰，欲宅邑，使召公先相宅。"这里指的是相阳宅。《孝经》记载："卜其宅兆而厝之。"这里指的是相阴宅，是用占卜的

中国古代民间习俗

方法择定地点。

到汉朝的时候，相地术更加盛行。司马迁《史记》记载，汉武帝曾经请教过风水先生，问某人可娶否，堪舆家说不可。当时的堪舆家精通天文地理，相地术也称为"形法"。到了东汉，人们开始重视丧葬，这时候比较完整的风水观念就开始流行了，但同时也出现了一些批判风水迷信的学者。王充的《论衡》中不仅详细叙述了葬礼的忌讳，而且予以深刻剖析。此外，东汉人非常注重居住环境，《后汉书》提到的"使居有良田广宅，背山临流，沟池环匝，竹木周布，场圃筑前，果园树后"的家居原则，在后世都成为有关居家风水的基本理论。在汉代还出现了《堪舆金匮》《宫宅地形》《移徙法》等书籍。

在此基础上，后来慢慢地形成了现在的风水与风水术。

风水与巫术

五、如何看待风水

总的来看，所谓"风水"就是指宅地或墓地的地势、方向等，根据这些与人事的吉凶祸福联系到一起。晋代郭璞在《葬经》中说："葬者，乘生气也。气乘风则散，界水则止。古人聚之使不散，行之使有止，故谓之风水。"这就是说，所谓"风水"，既是针对生者，又是针对死者来说的；既指活着的人居住的环境，又指死后的人所安葬的环境。但很明显，后者是毫无科学根据的，应当弃之不顾。

科学的进步使我们越来越了解宇宙的浩瀚及空间的无限，而人不过是宇宙里的一个极其渺小的组成部分，仅可以在地球上自称为万物之灵。从生与死的循环这一点上来说，人与动植物并没有什么差别，生命结束后为微生物所侵蚀、化为乌有，也是非常自然的事。所谓"风水宝地"，只能延缓其消亡过程而不能终止消亡本身。我们看风水家们的择地标准，表面上玄而又玄，其实不过是选择那些当阳、背风、干燥，不积水、土质纯净的地方而已。

古往今来，人们之所以对"风水"始终抱有崇尚之意、敬畏之心，甚至感觉神秘莫测，就是因为人们相信风水会给生者乃至子孙带来或好或坏的影响——好，则丁、财两旺，个体、家族、村镇、地方都能由此得到荫福；坏，则丁损财耗、门族衰微，乃至一败涂地，宗族没落、罹难。也正由于风水的主要话语体系和结论集中在吉、凶二字之上，加之历代的方术家以繁复的形式渲染、夸

张、神秘化风水的评价体系，特别是理气一派的兴起更强化了这一倾向，因而，"风水"一词给人盲从感、神秘感、乃至虚妄感，封建迷信的判断也就自然而然地由此产生。

让人难以理解的是，这种对人的居住环境的吉凶判断，自古以来又始终是上至皇亲国戚，下至平民百姓都尊崇、信服的集体意识和行为。这又是为什么呢？而我们又应当如何正确看待风水的吉凶观呢？

在古代，所谓吉，就是吉利、祥和，所谓凶，就是凶险、灾祸。吉凶，换一个角度说就是好、坏，美、丑，福、祸。追求美好幸福，无论怎么说，都是人类的人性和人权。当然，对什么是吉凶、祸福的判断标准和评价方式，有科学和非科学之分。风水的吉凶观，是建立在人与环境和谐与否的基础上的，地理环境基础是其评断的出发点。在此基础上，综合了天文学、哲学（特别是人生宇宙价值观、伦理学、美学）、心理学、人类文化学、民俗学等思想。这使风水的吉凶观与烧香拜佛、八字算命、跳神求仙等纯粹主观唯心主义的一套思想和行为体系，虽然本质相同，但是多少带有一些合理的成分。

从历史的角度来看，任何一种文化，都是历史发展的综合产物，都必然带着正反两方面的特性，尤其经历了五千年不同社会形态、不同历史阶段的中华文化的濡染之后，更是不免带着封建思想以及民间禁忌的烙印，风水及其吉凶观也是如此。但是，它综合体现了中国传统哲学观和儒家的伦理、美学等思想，如要求环抱有情、周正端圆，忌直来直去、正对冲射。《青囊海角经》这样解说龙与砂的关系以及由此构成的特殊关系："龙为君道，砂为臣道；君必位乎上，臣必位乎下；垂头俯伏，行行无乖戾之心；布秀呈奇，列列有吉祥之象；远则为城为郭，近则为案为几；八风以之为卫，水口以之为关。"《葬经翼》说："以其护卫区穴，不使风吹，环抱有情，不逼不压，不折

不审，故云青龙蜿蜒，白虎驯顺，玄武垂头，朱雀翔舞。"《葬经》解释说，玄武垂头，意为山坡自主山峰渐渐而下，好像有接受死者安葬之意，故而为吉；反之主山高昂，没有伸向风水穴的平缓斜坡，则被视为不愿接纳死者安葬于此，当然不吉。而朱雀翔舞意指穴前的山形要俏丽秀拔，水势要和顺宛转，好像对穴有情。否则，朱雀无精打采蹲坐穴前，或要飞腾离去，自然为凶象。《葬经》中还列出了五种不宜下葬的凶山，分别是：童山（指草木不生的秃山）、断山（山脊断续不连，阻断了生气运行）、石山（没有土壤作为血肉，自然没有生气）、过山（山从墓地横穿而去，生气穿过墓穴而不能结聚）、独山（生气吉地位于山之间交汇处，独山自然不得生气，故不可葬）。

还有对地形、水势的吉凶评判。比如地形破碎、零乱，如"探头""刺面""掀裙"等形状都被认为是凶地；而"玉带""御屏""帝座"等形状为吉地。对水流走势也有八吉八凶的说法。"八吉"是：一眷，去而回头；二恋，深聚留恋；三回，回环曲引；四环，环抱有情；五交，两水交会；六锁，弯曲紧密；七织，之玄如织；八结，众水会渚。"八凶"是：一穿，穿胸破膛；二割，割脉割脚；三牵，天心直出，牵动土牛；四射，小水直来，形如射箭；五反，形如反弓；六直，来去无情；七斜，斜飞而去；八冲，大水冲来。

至于宅法的各种禁忌，到宋代和明代也广为流行。但不论宅的内形、外形格局，还是周边环境如水势水塘、植被林木等吉凶评断，也多按上述形式和基本格局要求。如"东下西高，富贵英豪""前低后高，世出英豪""前高后低长幼昏迷"，地形"子午不足，居之大凶"，门前不许开新塘，更忌"双池，谓为哭字"。还有，凡是盖房子，讲究不居当街路口，不居寺庙，不近祠社、窑冶、官衙，不居草木不生处，不居故军营战地，不居正当水流处，不居山脊冲处，不居对狱门处，不居百川口处等等。

其实，综合考虑到风水的吉凶评断，有四个层次的意义：一，风水起源，首先是实用性和安全性的考虑。实用、方便、安全之地，自然就是吉利的。从地理形势的实用和安全角度考量，如草木不生、山形不整、水势湍急、不利于防御的地方，自然不适宜营建房屋。中国许多地区为温带大陆性季风气候，北风、西风、西北风侵扰多，所以居所建筑主张坐南朝北。西高东低的宅子，可以抵挡西来之风，故吉。相反，北低南高的住宅，饱受北风吹袭，显然不便安居，所以为凶。二是随着中华文化的生成和逐渐积淀，儒家文化占据了正统地位，加之道家思想的融入，风水的哲学思想成为了内在的核心和底蕴。所以，外国科技史学家评论说，不了解中国风水，就不会通彻中国文化。中国风水思想的核心是追求天、地、生（物）、人的和谐统一。用"气"（场）的术语，体现着人生与宇宙价值观（上应天星、法天相地、天人合一思想就是典型反映）、人居环境的伦理价值观和家居的审美观。古代中国人特别讲究人与天的对应关系，并在城镇和家居设计中得以深刻体现。例如将城市的中轴线对应着北斗星和紫薇星，皇城称紫禁城，皇帝的居住地称乾清宫，因为乾为天，为父；皇后的居住地称为坤宁宫，因为坤为地，为母。这种把天、人关系的宇宙人生哲学思想融入建筑、家具的布建之中，并成为判别吉凶的首要标准，这是中国独有的思想。而在建筑伦理关系上，儒家君臣、长幼有序的思想，自然也是风水吉凶评价的核心价值之一。如中国传统文化讲究中庸含蓄，因此特别推崇峰回路转、曲意有情，所以毫无遮挡、一览无余的景观格局肯定不符合人们的审美要求。又如强调上房体量高大，厢房在两侧次第排列。吉祥的事物要高大，不吉的则应当低下。同时，为了镇压不吉的方位，也可以修建高的门楼。三是人居环境的审美原则，这是风水吉凶判断的外在形式系统，但也与中国哲学和传统文化思想水乳交融。风水讲求"美格"，不美的地方风水不好。美者为吉，丑者为凶。比如说山河破碎，草木不生，自然凶相毕露，有谁愿意定居在那

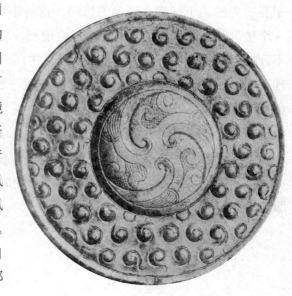

里呢？水流直来直去，流量大而湍急，冲刷力强，容易发洪水淹田园，当然也是不宜选择居住的。如住宅的基地缺角、畸形、尖锐状等等，形局不完整、端严，自然缺少美好的事物，被判风水不佳也在情理之中。四是方术神秘文化心理和民间禁忌文化的影响、积淀。后世一些术士，结合八卦、五行之说，演绎了河图、洛书象数，杂糅八字、择日之术，把风水形势派的环境科学成分完全给冲淡了，却加进了许多风水的神秘文化和方术意味，甚至把它变成了一门巫术。加上几千年民间禁忌文化的附会，在阳宅风水上，加进了不少神秘、玄虚的东西，有些成为形式上无章可循的理法之说或民俗禁忌。对数千年流传下来的民间文化，特别是民间禁忌文化，也需要加以具体分析，不能简单地一概摒弃。比如民间贴门神；过新年的时候张贴倒着的"福"字；张挂桃木符、艾草等；这些都是用以表达祈福或驱邪的美好愿望，是不应当被摒弃的。民间禁忌文化是乡俚文化与士人文化相结合的产物，当其成为一地一族世代沿袭的文化理念和行为后，就形成了强有力的关于环境心理学的影响，这种影响是不能低估的。一个商业街区，一个楼盘开发兴旺与否，除交通是否便利，与人们的环境心理及其行为也是分不开的。风水之说，其实也正是反映了中国几千年世代相袭的对环境的取舍心理。住在一地，心里感觉不错，那么，就一般层面上看，风水可能就是好的；如果心里感觉不好，那么，可以百分百地说，他居住的环境对他而言，风水肯定是不好的。这就像一个人身体感到不适，你不是医生，但却可以判断他是处于亚健康状态还是处于生病的状态。

讲到这里，我们算是拨开了风水术神秘的面纱，风水吉凶之说到底值得信服与否，相信大家会有正确的判断。

手相与面相

　　本书对人的手相与面相进行了科学系统的分析，运用多学科的知识、各种新的内容对人的手相和面相进行详尽细致的归类，并加以逐条分析归纳，书中还特别提到国外科学家通过实验数据而得出的关于人的手相和面相一般规律，总结出了一些带有普遍性的规律，可以作为人们日常生活的指导与参考，不再是以往的那些把人的手相和面相与人的命运定数、凶吉绝对联系起来的迷信说法。

一、略谈手相与面相

手相与面相属于人相学。

人相学又称相学，是通过观察人的外貌来测定人的禀性和命运的学问。

相学大师谢路军说："任何文化现象的出现都不是偶然的，相术的出现也

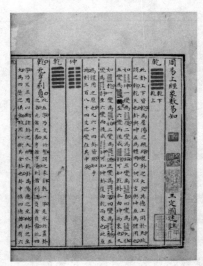

有其时代背景和文化土壤。"《易经》说"见微知著"，相术也是通过"见微"（相貌的细微特征）而"知著"（内心和命运）的。中国三代以前，我们的祖先还处于茹毛饮血的原始氏族社会，生产力低下，物质文明的发展极为落后，一个人脱离了群体便无法生存，大家的生活水平与物质占有量都是均等的。因此，那时还不存在社会地位的差别，也就不存在贵贱、贫富，大家的命运都差不多，没有什么不同。既然相术是一种预知未来命运的学问，那么，显然在三代以前还没有产生这种文化的土壤。因此，

荀子说过："相人，古之人无有也，学者不道也。"

相术是什么时候产生的呢？随着生产力的发展，人们出于掌握生产工具性能的需求，产生了相马术、相牛术、相地术等，不久，相人术也应运而生了。因为三代已是奴隶社会，人成了一种生产工具，当然也是有差别的。掌握区分这种差别的方法，显然是必要的。

相人术包括手相、面相、体相、骨相、痣相等。相士通过人的手纹、五官、体态、骨骼、痣等得出关于此人的人生密码和内部信息。

上古时期，人们对世界的变化及人事的流迁惊奇不已，不能认识并把握其客观规律，便将一切都归于上天的安排。于是，出现了龟卜，利用龟骨灼裂的纹路作为兆象。后来，人们发现自己的手掌上也有纹路，而每个人的掌纹各不相同。经过几千年的观察和积累，人们发现不同的掌纹揭示不同的命运。掌纹和命运联系起来，手相学便产生了。

中国古代民间习俗

手相学分西洋手相、印度手相和中国手相三大支，可谓源远流长。

中国手相学远在三千多年前的周朝即已盛行，西汉许负著有《相手篇》，是中国最早、最有系统的手相学专著。

手是人类外在的大脑，里面贮存着人类的人生密码。

手相学是根据人的掌纹来透视人生的科学。在母亲怀孕七周时，腹中胚胎的左掌上首先出现生命线，怀孕九周时出现智慧线和感情线。这三条线是人类手掌上的三大主线。

三大主线出现后，随着生命的诞生、生长和发育，其他掌纹也逐渐分布在掌面上。直到人死前十分钟，手上的掌纹才全部散掉，成为无纹之掌。

每个人的掌纹在一生中是不断变化的，因而也就在不断地揭示着人生的密码。

我们的祖先在发现不同的掌纹揭示不同的命运的同时，发现不同的五官也揭示不同的命运。例如：每个人都有眼眉，而两道眼眉的距离在每个人的脸上是不同的。

两眉之间称印堂，印堂太窄不好，太宽也不好，最好的宽度相当于本人食指加中指之宽，说明此人心胸宽广。反之，如果一个人的印堂生得太窄，说明此人气量不够大，容易与人发生冲突。但如果印堂太宽，说明此人在感情方面易于放纵。心胸宽广、心胸狭窄、感情放纵这三种人的命运肯定是不同的。于是，我们的祖先又发现不同的面相揭示不同的命运。面相和命运联系起来，面相学便产生了。

相人术在我国有着悠久的历史，古代相学名家辈出，如春秋时期的姑布子卿，战国晚期的唐举，汉代许负，唐代袁天罡，五代两宋间的麻衣道者、陈抟，明代袁珙、袁忠彻父子，清代陈淡野等。古代相学著作有多

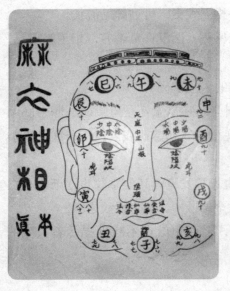

种流传至今，主要有《麻衣神相》《柳庄相法》《神相全编》《水镜集》《相理衡真》等。其中以麻衣道者的《麻衣神相》流传最广。

人类来到天地间，其生存意义在于创造财富，包括物质财富和精神财富。因此，手相学和面相学首先关心的是人的财运如何，财运好便能创造出更多的财富。而要想创造财富，必须有生命才行，因此手相学和面相学还关心人的命运，其中包括吉凶祸福和婚姻状况。人类在物质财富基础上创造了精神财富，因此手相学和面相学还关心人的精神世界，关心人的善恶。

人类最关心的财运、命运和善恶，正是手相学和面相学所要揭示的。

综上所述，中国古代手相术和面相术是我们祖先给我们留下来的优秀文化遗产，值得继承与发扬。

有人以为相术是迷信，属于伪科学范畴。事实上，这种看法并不正确。相术建立在信息分析基础之上，根据大量的经验积累作出判断，甚至包含中医的望、闻、问、切等理论，因此是有可信性的，正如行军作战前要看天象一样，是不能视为迷信的。

相术有时被人误解，都是那些在街头摆摊混饭吃的所谓"算命大师"给造成的，那些江湖混混不学无术，所言当然都是骗人的。

作为古文化的一部分，相学是一门博大精深的学问。对于祖先留下来的文化，我们要虚心接受，将其作为咨询参考，借以预测命运或成败，加以趋避。

人类通过手相术和面相术了解了自己的命运后，如果看到了自己未来的好运气，就要加倍把握；如果看到了自己未来的坏运气，就要改变自己，努力设法避免。因为改变自己是很容易的，所以避免坏运气也是可能的。

二、先秦相术

相学在中国源远流长，约三千多年前的周朝时，中原各国即已普遍盛行相学了。

著名神相家王通先生是鬼谷子的先师，他发明了"神数手相"，是我国战国时期独创的一门相术。他以手的尺寸作为重要依据，判断人的一生。我国历代相学大师则以《易经》为理论基础，探讨各种手纹的意义，并通过手纹的意义建立了手相命运学说。《麻衣神相》这部经典相学著作里记录了大量的掌纹实例，以《易经》为理论，详细分析了其特定的生命意义，极大地丰富了手相学的成果，开辟了中国手相学的新领域。

春秋时孔子以礼、乐、射、御、书、数六艺教弟子。精于数术者，唯端木子一人。他学通数术后，能料事如神，言必有中。端木子晚年收了一名爱徒，名叫王通，尽以其道授之。王通精于数理，隐居于鬼谷山，收徒传道，著书自娱，学者称之为鬼谷先生，尤精手相之学。

面相学源于我们祖先的鉴别能力，如神农鉴别百草，燧人氏鉴别火性，伏羲氏鉴别万物，炎帝鉴别兵器，黄帝鉴别医药。后来，人类的鉴别能力发展到了鉴别牛、马、羊以及人类的面貌。于是，面相学出现了。面相学是通过人的五官等来透视人生的科学，从而揭示人的人生密码。

夏商周时期，相法进一步发展和完善。春秋时期，中国出现了一些相学家。孔子、孟子都精通相学，强调用眼睛来观察人。要认识一个人，最简便的方法是看他的眼睛。教师都知道看一个学生是否撒谎，要看他的眼睛，眼睛能代表一个人的心灵。

据古籍记载，先秦时期出了好多相术高手，有名有姓，是作为史实记载下来的。据《左传》所载：公元前626年，周襄王派内史叔服到鲁国参加葬礼。鲁国重臣公孙敖有两个儿子，一个名字叫谷，一个名字叫难。公孙敖听说叔服善于相面，就请他为两个儿子相面。叔服看过后说："名字叫谷的儿子可以供养你，名字叫难的儿子将来可以安葬你。谷的下颚丰满，他的子孙一定会在鲁国兴旺起来。"后来，叔服的话都应验了。

越王勾践卧薪尝胆，逼死吴王夫差，灭了吴国。帮助勾践雪耻复国的范蠡对同僚文种说："越王这个人脖子长，嘴长得像鸟喙。这种人只能与之共患难，不能与之同安乐。"接着，范蠡劝文种辞官退隐，好保住身家性命。文种认为自己功劳太大，有恩于勾践，不会出事，因而没有听范蠡的劝告，结果后来真的被猜忌多疑的勾践杀了。

史载姑布子卿精通相术，曾为晋国将军赵简子的几个儿子看相。赵简子想知道自己的几个儿子中谁能继承他的事业，于是派人请姑布子卿为其决断。姑布子卿在厅堂里看过他的几个夫人为他生的儿子后，没有表态，而在厅堂外站着的衣着平常的孩子引起了他的注意。问过赵简子后，才知道那个孩子是赵简子与婢女生的孩子。姑布子卿对赵简子说："你的几个儿子我都看过了，只有在厅堂外站着的那个孩子是真将军。"后来，那个孩子长大后果然做了晋国的将军。

姑布子卿曾为孔子看相，对孔子的学生子贡说："孔子额头像尧，眼睛像舜，脖子像大禹，嘴巴像皋陶。从前面看，孔子相貌过人，有帝王之相。但从身后观察，孔子双肩高耸，脊背瘦弱，这是不足之相。因此，孔子将一生郁郁不得志，无坐朝堂之福。"后来，孔子的命运证实姑布子卿说得千真万确，孔子本人也折服不已。

中国古代民间习俗

姑布子卿相术高明，影响很大，后世相士便将他奉为相术之祖，相术也被后人称为姑布子卿术。

当时，相士季咸也十分有名。史书记载他曾为列子的老师壶子相面，结果被壶子捉弄了。原来，壶子不是普通人，是一个功夫超人的修炼家。他闭气凝神制造假象，骗过季咸的眼睛，使季咸失手，闹了大笑话。这件事被列子记录在他的著作《列子》中，流传了几千年。

尉缭是魏国大梁（今河南开封）人，是战国著名军事家，精于相人术。他于秦王政十年（公元前237年）到秦国帮助秦王政统一天下。当时，以秦国之力，要想消灭六国中的任何一国都是不成问题的，但怕六国联合起来共同抗秦。尉缭一到秦国，就向秦王献上一计，解决了这一难题。他说："以秦国之强，诸侯好比是郡县之君，我所担心的是诸侯合纵。希望大王拿出财物，用以贿赂各国的权臣，使其为我所用；如果有不收贿赂的权臣，便将其刺杀。这样，不过损失三十万金，诸侯就可以尽数消灭了。"尉缭的这番话说到了秦王最担心的问题上，说得他心花怒放。秦王觉得此人非同一般，正是自己千方百计寻找的人，于是对他言听计从。为了显示恩宠，秦王让尉缭享受同自己一样的衣服和饮食，每次见到他，总是表现得很谦卑。

经过与秦王政一段时间的接触，尉缭发现秦王这个人高鼻梁，长眼睛，老鹰一样的胸脯，豺狼一样的声音，说明此人有虎狼之心，穷困时对人谦卑，得志时会吃人的。尉缭想：我是一介平民，但秦王对我过于谦卑，说明这是在利用我。如果他夺取天下的心愿得以实现，再也用不着我的时候，我可就自身难保了。我不能跟这样的人交往，还是走为上吧。于是，尉缭逃走了。秦王发现尉缭逃走，立即派人将其追回，还让他当了秦国最高的军事长

官。心有余悸的尉缭不好意思再萌去意，只好死心塌地地为秦王出谋划策，为统一大业效力。从此，他小心谨慎，不多说一句话，不多走一步路，总算保住了身家性命，得以寿终正寝。果然，秦始皇统一天下后，死在他手中的人不计其数。

平原君是赵武灵王之子，赵惠文王之弟，封于东武（今山东武城），号平原君。平原君曾在赵惠文王和赵孝成王时担任相国，是当时著名的政治家。他以养士闻名，门下食客曾多达数千人。他和齐国孟尝君田文、魏国信陵君魏无忌、楚国春申君黄歇合称战国四公子。在渑池大会上，平原君见到了秦将白起。

白起是战国时期秦国名将，是中国历史上继孙武、吴起之后又一位杰出的军事家和军事统帅。白起多次指挥战斗，战无不胜，一生在战场指挥秦军杀死的敌军和由他下令坑杀的降卒超过百万，因此号称"人屠"。

平原君善于相面，见过白起后，对赵王说："白起头小下巴尖，双目黑白分明，看东西目不转睛。头小下巴尖，说明此人行动果断；两眼黑白分明，说明此人断事明快；目不转睛，说明此人意志坚强。这种人只能与之打持久战，不能与他针锋相对，速战速决。"赵王听了平原君的分析之后，针对白起的特点制定了新的战略。

春秋晚期，楚国崛起于江南，地大物博，兵多将广，常参与中原地区的争霸战争。楚成王在位时，见儿子商臣好武善战，便想立商臣为太子。当他征求令尹子上的意见时，子上说："商臣两眼像胡蜂，声音像豺狼，这是生性残忍的标志。这样的人不能立为太子。"楚成王不听他的话，竟立商臣为太子。后来，商臣果然谋反，率领东宫的甲士包围了楚成王，逼他自缢而死。商臣即位，史称楚穆王。

唐举是战国时的相术大师，登门求他看相的人络绎不绝。

一天，来了一位相貌奇特的人，请唐举看相，说："我是燕国人，名叫蔡泽，自幼苦学。学成之后周游列国，游说君王，可是至今一事无成，有些心灰意冷了。听说先生人称神相，请先生看看我的相，看是否还有出头之日。"唐举听后，认真地看了许久，笑着对蔡泽说："先生是朝天鼻，端肩膀，凸额头，塌鼻梁，罗圈腿。我听说圣人不可貌相，大概说的就是先生吧?"蔡泽听了他的话，信心陡起，一本正经地说："唐先生，近几年来我虽然碰过不少钉子，但我深信凭自己的才能会济世安民的。我不知道我的寿命有多长？请先生明示。"唐举严肃地说："先生的寿吗？从现在算起还有四十三年。"蔡泽千恩万谢，出门对他的车夫说："我快有出头之日了。手抱黄金大印，腰系紫色绶带，在人主面前备受尊重，享尽荣华富贵，四十三年该满足了。"

蔡泽离开燕国后，来到赵国，但被赵王赶了出来。于是，他想去韩国和魏国，不料在路上遇到强盗，抢走了他的炊具。这时，他听说秦王正在招贤，便前往秦国，被秦王任命为相国，飞黄腾达，终于有了大显身手的机会。

唐举的名声轰动了大河上下，成为看相的权威，后世相士用他的名义写的相书不下十种。

上面一些生动的故事，反映了我国先秦时期相学发展的盛况，大有普及之势。

手相与面相

三、两汉相术

两汉时期，相术成了一门具有独特理论体系的学问，同时出现了一些相书和专门从事相术活动的相士，相术开始重视相骨和相手了。

西汉相术大师有许负、吕公等，东汉相术大师有王衡、王符等。

许负是相术大师中唯一的女性，河内温县(今河南温县)人，以善于相面

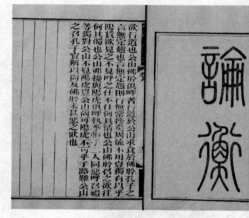

被汉高祖封为雌亭侯。许负著有《相手篇》《德器歌》《五官杂论》《听声相行》《许负相耳法》《许负相法十六篇》等书。

吕公是刘邦的岳父。刘邦担任泗水亭长时，吕公给刘邦看相，说他面孔像龙，鼻子丰隆，胡须漂亮，贵不可言，于

是把女儿许配给他。

东汉大学者王充反对迷信，不相信数术，认为那是人为的、虚构的，没有根据。但他十分相信相术，认为人的命相是实实在在的，是有规律可循的。在其所著《论衡》中就有《骨相篇》，是相学方面的专著。

王符憎恶黑暗的官场，一生不肯做官，潜心著书，写出了千古名著《潜夫论》，其中的《相列》是专门论述相术的。他主张相人之法或在面部，或在手足，或在行步，或在声响，从而丰富了手相和面相的知识。

秦始皇二十六年（公元前 221 年），秦统一了全国，秦始皇大喜，令天下大庆。这年秋天，河内郡温县县令许望之妻赵氏生下一女，出生仅百日即能说话了。这个小女孩就是许负。一般孩子生下来要到一周岁时才呀呀学语，像许负这样三个多月就会说话的孩子是极少的，因此引得好奇的人纷纷前来看她。只要许负未曾入睡，对前来看热闹的人总会有反应：一是见到某些人后便大哭不止，一是见到某些人后却露出了笑容。开始时，人们不以为意，认为哭与笑纯

中国古代民间习俗

属婴儿的本能反应，并无特殊含义。可是，经过一些时日，人们发现凡是许负对之大哭不止的人，过了不久不是遭厄运了，就是患病了。而许负对之微笑的人则喜事连连。于是人们醒悟过来，这个女婴有一种特异功能，即能为人看相。

许望见女儿非同一般，便在女儿4岁时请来一位老先生教她读书识字。让教书先生惊奇的是，许负竟有过目不忘的本领，不到半年竟认识四千多字了。先生十分高兴，便让她背书，她竟能过目成诵。后来，先生见许负经常拿着刻有文王八卦图的佩玉把玩，就向她解释八卦的来历和含义。先生以为她一定听不懂，没想到连成人都感到头痛的东西许负竟听得如醉如痴，不但能轻松地背下宛如天书一般的八八六十四卦，还讲得头头是道。先生见了，大吃一惊，惋惜地说："可惜这孩子是女孩，如果是男孩，长大后一定是王者之师啊！"

教书先生自知能力有限，便向许望提出辞呈说："令爱具有过人资质，非我等凡夫俗子所能教。请大人速为其聘请高人指导，千万不要耽误了孩子。黄石公精通《三易》，擅长相人之术，令爱若能拜他为师，定会取得惊人的成就。"

许望觉得教书先生说得有理，便携女儿到颍川寻访黄石公。黄石公冷眼观察好久，知道许负是个冰雪聪明的孩子，天生一双慧眼，适合钻研相术，便送她一部相学秘籍《心器秘旨》。

得到《心器秘旨》后，许负潜心阅读，很快便能为人看手相和面相了。

由于许负相术准得惊人，名声很快便传开了。

刘邦做皇帝后，请许负到朝廷为他选妃把关。因她相面有功，被刘邦封为雌亭侯。

许负曾为周亚夫看相，断定他将来必然饿死。在场的人都不相信，连周亚夫本人也不相信。周亚夫堂堂一位大将军，怎能饿死呢？许负指了指周亚夫的嘴说："将军有纵纹入口，相书上说此为饿死之征！如果不信，请拭目以

待!"后来，周亚夫平定七国之乱有功，升任丞相。不久，因儿子私购御用物品，周亚夫受牵连入狱，竟绝食而死。这时，人们才相信许负的话。

王充是我国古代伟大的思想家，他的名著《论衡》是我国古代哲学史和文学理论批评史上的重要著作。王充在书中说："天地是物质的，万物自生自灭，根本不是上天安排的。天与人之间没有任何感应关系，人不能感动天，天也不能受感动而做出反应。根据儒家学说，尧时十日并出，人要被晒死了。尧为了普救人类，射下了九个太阳。我想，既然儒家说尧是仁君，其德感天，那天就应该自动去掉九个太阳，何劳尧去射日呢？由此可知天与人之间并无感应。帝王也是父母所生，并非天的儿子。"

王充反对迷信，认为世上没有鬼，他说："人死如灯灭，蜡烛燃完了，光也就消失了；人死了，精神也就没了，怎会变成鬼呢？从开天辟地到现在，死人无数，如果都变成鬼的话，现在世上早被鬼装满了，我们天天都会碰到鬼，哪还有人住的地方呢？但我们从来没有遇到鬼，这说明根本没有鬼。有的人说他遇到了鬼，那只是病中见到的幻象。"

王充认为社会上的人虽有善恶之分，但人性是可以转变的。他说："恶是可以转为善的，其关键在于教育，在于环境。如果蓬草生在麻中，不用人扶，它自然就直了；如果将白纱抛进墨池，不用染就黑了。"

但是，王充相信人的禀赋不同，先天各异，人的掌纹、额头、眼眉、眼睛、鼻子、嘴、下颚、骨骼等就像一个未经解码的资料库，通过相术是可以解开的。一个人的性格、人生走向一旦解开，对人是有指导意义的。

乔玄是汉末名臣，曾任大鸿胪、司空、司徒等职，精通相术，《后汉书》五十一卷有他的传。

现在，人们公认曹操是英雄，而乔玄在曹操默默无闻时就看出他是英雄了。起初，曹操地位很低，没人知道他。一天，他去拜见乔玄，乔玄见到他十分惊异，对他说："如今天下将要大乱，能够安定天下的不就是你吗？"曹操常常感叹乔玄是他的知己。后来曹操每次经过乔玄的坟墓时，都感到凄怆，曾撰文祭祀他说："原任太尉乔公，品德高尚，仁爱宽容。国家感念先生的训诫，读书人缅怀先生的教诲。先生的在天之灵，让我们永远思念。我年轻时去过贵府，我当时那么顽劣，先生不但接见我，还称赞我，就像孔子称赞自己不如颜渊一样。士为知己者死，我一直记着这句话。我常想起咱们的誓约，你是这样说的：'我死之后，你途经我的坟前时，如果不拿一斗酒一只鸡来祭奠我，车马过去三步以后，你肚子疼可不要怨我。'我当时答应一定祭奠先生。虽然这是当时开玩笑的话，但是，如果不是关系密切，不是知己，怎会说出来这样的话呢？我一想起旧事就感到凄怆。如今我奉命东征，特地前来祭奠先生，愿先生享用！"

后来，曹操虽然没有安定天下，但却统一了中国北方，让北方百姓过上了安定的日子。

一说，曹操年轻时，乔玄为他看相，说他是治世之能臣，乱世之奸雄。《世说新语》作"乱世之英雄"。曹操精通兵法，《孙子兵法》（十三篇）最好的注释《孙子略解》及《兵书接要》均为曹操所注。汉末，天下大乱，曹操用武力统一了北方，让汉朝又延续了二十五年。

曹操死后，他的儿子曹丕逼汉献帝禅位，建立了魏朝，我国历史进入了三国时期。

四、三国魏晋南北朝相术

相学在崇尚玄学的魏晋时期进一步发展和普及，相术大师辈出。

管辂是三国时期著名的术士，被后世卜卦观相的人奉为祖师。管辂一生著述甚丰，主要有《周易通灵诀》二卷、《周易通灵要诀》一卷、《破躁经》一卷、《占箕》一卷等，给后人留下了宝贵的文化遗产。

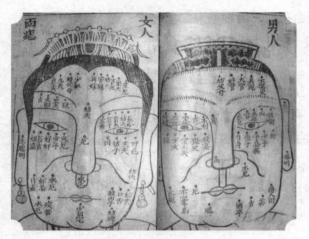

管辂的《人伦渊奥赋》是相术名作，介绍了他积累的丰富的相面经验。他说："状貌各异，形神不舒。男心狠而害子，女性刚而杀夫。发厚眉连，尽是凶愚之辈。颐尖额窄，俱为孤寡之徒。原夫声乏韵而贫夭，目有神而高寿。威显体重者，功名必遂。背削肩寒者，资财莫守。伏犀隆俊，终为廊庙之英贤。俊目修长，必作文章之领袖。果为善恶易见，曲直莫量。斜视偷观兮，自然损害。下视高窥兮，必致刑伤。嗟夫：骨肉之间，何喜怒之不常。且如失志之时，遽遭破财窘迫。若称心之际，偶尔添禄荣昌。大抵表直形端，言繁性躁。傲劣而可见愚浊，温厚而深知机巧。鼠齿漏而多非，猴面长而不饱。党结奸邪之辈，雠似孙庞。缔攀温粹之流，义同管鲍。而况气有烟露之象，色欺日月之明。或散或众，或重或轻；察其优劣，审其性情；滞则三寸之稀，喜则八卦之盈。黑既见于阴阳，身灾无咎。青若有于年寿，官讼相萦。且夫肉不泽兮，竟起旋途。语失常兮，径趋冥路。腮昏暗而朝，夕鼻惨黯以日暮。黄浅有迁变之喜，赤重有羁囚之苦。如丝贯准，知泣泪以煎忧。火气侵眉，忌官非之恐惧。或有耳红更好，唇红愈奇。似波澜之洁兮，显则莫比。如脂膏之腻兮，破而可知。静则求其望用，杂则阻其所为。鬓发如拂鉴之光，欣然得禄。淡白若温灰之状，灾丧求医。诚哉富不在于衣冠，贵不专于儒雅。慕德修义者，固

中国古代民间习俗

穷守道。方颏丰头者，轻裘肥马。的然声不附形，而身处优游者，未之有也。"

《三国志·魏志·管辂传》裴松之注引《管辂别传》说，三国时期，管辂到魏都洛阳见过权臣何晏、邓飏之后，管辂的舅父问管辂道："你看何晏、邓飏二人如何？"管辂回答说："邓飏走起路来筋不能控制骨头，脉不能控制肌肉，站起身来几乎要摔倒，好像没有手足一样，这是'鬼躁'相。何晏静坐在那里时，魂不守舍，血不滋面，精神好像烟雾一样飘浮不定，脸如枯木，这是'鬼幽'相。有'鬼躁'相的人将要被风收走；有'鬼幽'相的人将要被火烧死，这是自然之理，是不可以改变的。"管辂的舅父一听此言，立即恼了，责骂管辂道："你太放肆了，这话如果传出去，定要得罪当朝重臣，以后你还怎么混下去？"

不久，朝廷发生政变，何、邓二人均死于非命，管辂的话都应验了，管辂的舅父这才暗暗佩服起侄儿的相术来。

《三国志·方技传》里说沛国人朱建平善于相术，为人看相大多应验，名传遐迩。一天，曹丕请朱建平为座上宾客三十余人相面算寿。

朱建平对曹丕说："将军寿达八十，四十岁时有小难，要小心。夏侯威四十九岁担任州牧，有小难。此难若过，可寿达七十。应璩六十二岁有小难。曹彪五十七岁有兵祸，要谨慎……"

后来，曹丕40岁时病危，对左右的人说："原来朱建平所说的八十岁是昼夜相加，其实是指四十岁，看来我的命到头了。"不久，曹丕果然病逝了。

夏侯威49岁那年担任兖州刺史，这年十二月上旬突然患病，想起了朱建平的话，知道自己必死无疑，便提前写好了遗书。不料这月下旬病情好转，竟逐渐康复了。十二月三十日午后，夏侯威宴请属吏说："我病渐愈，明日鸡鸣时我就50岁了，看来此难算是过了。"宴罢，夏侯威闭目休息，不料

病情加重，于夜半病逝，没有活到50岁。

应璩61岁时想到明年就要死了，遂常常和朋友聚会，还频频去郊外游山玩水，想吃什么吃什么，结果活到了63岁。这是人为改变命运的例子，让神相朱建平算错了一年。

曹彪57岁时被封为楚王后，竟与人联合谋反，结果事败被赐死。

《三国志》作者陈寿总结道："朱建平相术之妙，纵然唐举、许负也比不上……朱建平所算诸人，无不应验。不能详举，在此只是粗记数事。纵观朱建平一生，只有给司空王昶、征北将军程喜、中领军王肃看相时，错得比较严重。"

王肃62岁得病，医生说不可治了，他的夫人问他有什么遗言，王肃摇头说："朱建平说我能活过70岁，位列三公，现在还早呢，有什么好担心的？"几天后，王肃却病死了，朱建平错算了八年。这种情况每位相师应该都有，古语说："智者千虑，必有一失。"《三国志》作者陈寿能秉笔直书，不愧为良史风范。

其实，相随心生，相随心转，在人的主观影响下，面相是可以改变的，命运也是可以改变的，既可变好，也可变坏，下面有很多这样的例子。

三国时期，天下大乱，得人才者得天下，用人讲究唯才是举。出于政治上的需要，相人时偏重对人的风骨、才学方面的估量。在相学理论上，开始将骨、筋、气、肌、血与五行联系起来，继承骨相学说而引申为"五常学说"。这种相法理论不再斤斤计较人的骨骼配置和面相如何，而更看重一个人做事的胆识、豪气，把人的吉凶祸福置于次要地位。也就是通过对骨相与神气、气力的考察，探知人的气质、才性和雄强程度。在相法上，渐渐从重骨相的"骨相说"向重气质的"神相说"过渡了。

西晋东海王司马越的参军王导聪明绝顶，眉清目秀，但身体孱弱，常常忧心忡忡，怕活不长。于是，他请人相面，看看自己到底能活多久。相师仔细看过后，安慰他说："先生不要过虑，先生两耳垂肩，一脸福相，不但长寿，而且位极人臣，子孙富贵。"王导听了，将信将疑。

司马睿是司马懿曾孙琅琊王司马觐的儿子，人极聪明，额骨隆起，目光如电，相师都说他有帝王之相。

　　司马睿曾与王导结为至交。王导极有政治远见，见晋室诸王同室操戈，天下大乱，便劝当时在洛阳担任左将军的司马睿回封国坐观天下之变，以图大业。不久，匈奴内侵，北方局势恶化，王导又劝司马睿向朝廷申请移镇江南。晋怀帝永嘉元年（307年），朝廷调司马睿为安东将军，移镇建业（今南京）。司马睿到了江南，立即请王导到身边担任安东司马，为他出谋划策。

　　西晋末年，匈奴贵族刘渊建立的汉国崛起于北方。刘渊死后，他的儿子刘聪先后攻破洛阳、长安，先后俘虏了晋怀帝、晋愍帝，灭了西晋。

　　第二年，司马睿依靠王导的支持，在建业做了皇帝，重新建立了晋朝。历史上把这重建的晋朝称为东晋，司马睿史称晋元帝。

　　司马睿称帝后，王导做了宰相，执掌朝政，因此江南人说："王与马，共天下。"司马睿十分感激王导，让他到御座上和他同坐，王导推辞说："太阳高悬，才能光照天下。如果下同万物，百姓如何仰望？"司马睿听了，只得作罢。

　　正如相师所言，王导不但长寿，而且子孙也都做了高官。

　　东晋大将军刘裕取代东晋后，建立了刘宋王朝，南北朝开始了。南北朝时，刘宋王朝的大臣孔熙光精通相术，曾为大臣姚生看相，他说："相面首先要看额头是否饱满，下额是否丰厚，眼神是否灵光，鼻头是否挺直，两眼、人中和

嘴要棱角分明，五官要圆满完整。这几样你一样都没有，而且你的眼神流动不止，好像老在观望什么；走路像羊似的，曲曲弯弯不在一条线上；说话时声音嘶哑低沉。恕我直言，先生不但没有福禄，而且难免有难。"后来，姚生果然因谋反被杀了。

南朝陈武帝陈霸先生有异相，日角插天，隆准龙颜，双手过膝，口大能容下拳头，相面的都说他有天子之相。陈霸先出身寒微，但胸怀大志。为了济世救贫，他读了大量的史书和兵书。他身材高大，练就了一身好武艺，又长于谋略，因此深受世人拥戴。

后来，陈霸先从军，因智勇双全，做了南梁将军。南梁末年，北齐大军入侵，杀人放火。陈霸先率领军民保家卫国，齐军始终未能逼近南梁都城建康。

建康百姓积极支持陈霸先卫国抗齐，他们用荷叶包饭，夹上鸭肉，争相送到前线去慰劳将士。北齐军到处受到江南百姓的抵抗，没有房子住，军粮接济不上，只好住在泥泞的野地里，靠抢劫来填饱肚子。最后，陈霸先终于打败了北齐军，保卫了家园。

陈霸先战功赫赫，威望日增，梁敬帝封他为陈国公，让他总揽朝中大权。梁敬帝太平二年（557年），陈霸先废掉梁敬帝，建立陈国，自己做了皇帝，史称陈武帝。

纵观这一历史时期，相术日益普及，会看相的人越来越多了。

中国古代民间习俗

五、隋唐相术

隋唐两朝，我们祖先的相学已经发展到了高峰。

隋唐的相学相当成熟，据《隋书·经籍志》记载，隋朝有《相书》四十六篇，《相经要录》二篇。据《隋书》记载，相面大师来和曾利用他的威信和相术保护杨坚，使杨坚得以保全身家性命，成为一代明君。

原来，杨坚身材高大，仪表堂堂，为人稳重，沉默寡言，深孚众望。他父亲杨忠是西魏的十二大将之一，北周时升为上柱国大将军，封为随国公。杨忠死后，杨坚袭爵，当上了大将军。北周建德四年（575 年），精通相术的下大夫来和见杨坚相貌奇伟，忍不住对他说："将军目如曙星，无所不照，将来一定会做帝王，拥有天下。望将军学会忍耐，不要杀人过多。"

北周武帝待杨坚极好，齐王宇文宪对北周武帝说："杨坚相貌不同常人，我每次见到他总要失态，恐他不是甘居人下之人，请陛下早日除掉他吧！"北周武帝听了这话，不禁也起了疑心，便请教善于相面的来和，来和骗他说："杨坚只不过是个守节之人，如果让他率军出征，恐怕都不能临阵破敌。"北周武帝极佩服来和的相术，听他这样说，便没有杀杨坚。

578 年，北周武帝病逝，太子宇文赟即位，史称周宣帝。

周宣帝当皇帝不到一年，就对每天上早朝的皇帝生活感到厌烦了。于是，他把帝位传给年仅 7 岁的儿子宇文阐，自己做了太上皇，自称"天元皇帝"。这样，他就能在后宫尽情玩乐，日上三竿还不起床。

次年，周宣帝病危，召大臣刘昉和颜之仪入宫嘱托后事。这时，他只剩下一口气，说不出话来，只是用手指着 8 岁的儿子宇文阐，不多时便去世了。

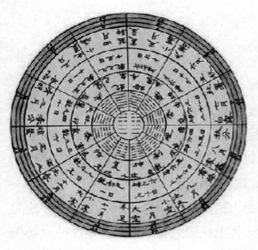

刘昉见宇文阐年纪尚幼，便伪造遗诏让杨坚入朝辅政。杨坚坚决拒绝，刘昉说："你要干就抓紧干，你若不干我可要干了。"杨坚听了这话，明白其中深意，这才答应下来。于是，杨坚进宫辅佐幼主，独揽了北周的军政大权。杨坚在不到一年的时间里铲除了朝廷内外的异己势力，清除了夺位道路上的所有障碍，581 年，他强迫幼主让位，自称皇帝，建立了隋朝，史称隋文帝。

唐代相学发展极其迅速，光相书就有三十种之多。袁天罡是隋唐时期最著名的相术大师，在中国相术史上赫赫有名。他相面极准，名传遐迩。隋朝时，他曾担任盐官县令；唐朝时，他在唐太宗手下担任火山令，十分受宠。

袁天罡一生著有《六壬课》《五行相书》《推背图》《袁天罡称骨歌》等；据《新唐书·艺文三》记载，袁天罡著有《相书》七卷、《要诀》三卷；《四库全书总目·存目》中有袁天罡《九天玄女六壬课》一卷。

《旧唐书》记载袁天罡曾为武则天看相。当时，武则天尚在襁褓中，其父请袁天罡到家中为全家人看相。袁天罡一见武则天的母亲杨氏，便吃惊地说："夫人按相法来说，定生贵子！"杨氏便把两个儿子武元庆、武元爽叫出来让袁天罡相面，袁天罡说他们可以官至三品。杨氏又唤出武则天的姐姐即后来的韩国夫人让袁天罡相面，袁天罡说："此女命贵，但不利夫君！"最后，保姆抱出穿着男孩衣裳的武则天，袁天罡一见襁褓中的武则天，大为震惊，说："此儿龙瞳凤颈，是极贵之相！"但又遗憾地说："可惜是个男孩儿，若是女孩，必为女皇！"后来，武则天真的当了十多年女皇。

袁天罡在新、旧《唐书》里都有传，上面为武则天看相的故事就记载在他的传里。

袁天罡将其对相术的见解和看相经验整理成书，使后人得以继承。

孙思邈是唐代著名道士，也是医药学家，为人治病，不求名利，被人称为"药王"。

北周宣帝大成元年（579 年），因王室多故，孙思邈隐居太白山（在今陕西郿县）。

周静帝即位，杨坚辅政时，征孙思邈为国子博士，孙思邈称病，拒不应征。

隋大业（605—618 年）年间，孙思邈游蜀中峨眉山，修道采药。

隋朝灭亡后，孙思邈隐居终南山，与高僧道宣友善。

唐太宗李世民即位后，召孙思邈至京师，授予爵位，孙思邈固辞不受，再入峨眉山。

唐高宗显庆三年（658 年），召孙思邈至京师。

翌年，唐高宗召见孙思邈，拜为谏议大夫，孙思邈仍固辞不受。

咸亨四年（673 年），唐高宗患病，令孙思邈随驾医治。

上元元年（674 年），孙思邈辞疾还山，唐高宗赐以良马。

永淳元年（682 年），孙思邈病逝，遗令薄葬，不用明器，祭祀不用牲牢。

纵观孙思邈一生，不肯折腰官场，潜心研究医药，著书立说，造福百姓。他搜集了东汉至唐以前许多医论、医方以及用药、针灸等经验，兼及服饵、食疗、导引、按摩等养生方法，著《千金要方》三十卷，分二百三十二门，接近现代临床医学的分类方法。内容丰富，是我国唐代医学发展中具有代表性的巨著，对后世医学特别是方剂学的发展有巨大的影响和贡献。《千金翼方》三十卷是他晚年的作品，对《千金要方》进行了全面的补充。

孙思邈不仅精通医学，对相学也深有研究。他对相术的最大贡献是把医学原理引入相学，从医理上把握人的命运和前程。

相术的基本原理在于天人合一，人的生长成熟、生理结构、生理功能都与自然相符，人必须顺应大自然的轨道，否则就会有灾难。孙思邈从医学角度阐述了这一相学理论。

因为孙思邈有着高深的医理和相理造诣，所以他看相奇准，人称"神相"。

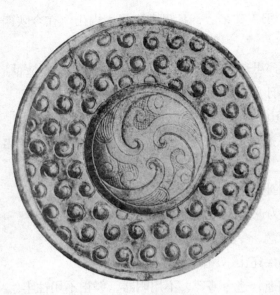

隋末，刘文静请孙思邈看相，询问前程。孙思邈见了刘文静，大吃一惊，说："相公面相极佳，据贫道所见，当中今年头名状元。"刘文静一听此言，心中大喜，得意而去。原来，刘文静耳白过面，主声闻天下；眉清目秀，主文章显达；天庭明润，泛黄光，主近期有大喜大庆之事。为此，孙思邈断定他会中头名状元。

刘文静回到客馆，按捺不住兴奋，晚饭后乘兴和人赌起钱来，手气绝佳，一夜之间竟赢了一百万铜钱，更觉喜上加喜。　第二天，刘文静又见到了孙思邈，孙思邈诧异道："我看你今天的气色大不如前，天庭塌陷发暗，很难中榜了。你是不是遇到什么了？"

刘文静回答说："倒未遇到什么，只是昨夜赌了一夜钱，赢了一百万铜钱。"

孙思邈说："这就对了，非义之财，取之轻则减福，重则丧命。"

刘文静忙问："先生，可还有补救之法吗？"

孙思邈略沉片刻，回答说："除非你把所有赢来的钱都如数退还给人家，从此诚心悔过，再也不赌钱了，还能考中科甲，只是不能中状元，也进不了前三名了。"

刘文静回到客馆后，把所有赢来的钱全部如数退还给人家。好几个输钱后没了活路的人喜从天降，千恩万谢。

这年京试，刘文静中了第四名，出任太原县令。后来，他在太原和李世民协助太原留守李渊起兵反隋，成了大唐开国功臣。

张憬藏是唐代与袁天罡齐名的大相师，一年春游，他邂逅三个士子，愣了一下说："我今天竟然一次巧遇三位宰相，不能不说是一件值得庆祝之事，咱们一起喝顿酒好吗？"三个士子听说喝酒，无可无不可，于是同到村店中喝酒聊天。酒酣耳热之时，张憬藏忽然对他们说："三位珍重，你们三人将来都能做宰相，不过却以这位相公最为有名，堪称名相。"原来，这三个士子即姚崇、李

中国古代民间习俗

迥秀、杜景佺。后来，他们三人真都拜相了，其中姚崇是唐玄宗朝的名相。这些，相术精湛的张憬藏都看出来了。

　　唐玄宗的父亲在位时，太平公主把持朝政，朝臣多归附公主，唯有姚崇敢于抗命，结果被贬为申州刺史。为此，尚未登位的唐玄宗对姚崇十分赏识。后来，唐玄宗诛杀太平公主，登基后调姚崇为同州刺史，在京师附近做官。姚崇同当时的宰相张说一向不和，张说便令人上书弹劾姚崇，唐玄宗留中不发。两个月后，唐玄宗出猎渭水，来到同州地界。唐玄宗密召姚崇相见，问他道："你懂不懂打猎？"姚崇奏道："臣在 30 岁以前，不努力读书，终日在山泽中呼鹰逐兔，以打猎为乐。后来遇到张憬藏，他说臣当位极人臣，要善自珍重，不要自暴自弃。臣听此言后才折节读书，致有今日。臣少年时经常打猎，多少还懂得一些。"唐玄宗闻言大悦，于是与姚崇并马而行。姚崇指挥鹰犬，果然十分在行，唐玄宗更加欢喜，于是与之谈起朝政，姚崇劝唐玄宗说："陛下，功臣有功时可以多赏他们一些田宅，却不必封他们做官，因为他们不懂朝政。"此言正合唐玄宗之意，因为当时吏治腐败，多是这些不懂朝政的功臣造成的。于是，唐玄宗拜姚崇为相。

　　姚崇是著名的贤相，曾向唐玄宗提出十项建议，大意是勿贪边功，广开言路，奖擢诤臣，租税之外不得接受馈赠，勿使皇亲国戚掌政，勿使宦官专权等。这些建议唐玄宗都接受了，从而奠定了开元年间的施政方针。在姚崇的努力下，不久便天下大治，史称"开元盛世"。

　　裴度是唐宪宗时的名相，曾率军讨平在淮

手相与面相

西割据的吴元济，在限制藩镇割据斗争中立了大功，被封为晋国公，世称裴晋公。裴度不仅能为国家建功立业，在文学上也颇有成就。他支持韩愈的古文运动，晚年还与白居易、刘禹锡等著名诗人唱和，来往甚密。

据《旧唐书》记载，裴度自幼爱好读书，但家中贫困，以教书为业，前途渺茫。一天，裴度途经一座寺院，见一位禅师正在替人相面。裴度等大家散了后，才走上前去请禅师看相。禅师熟视良久，叹口气说："恕贫僧直言，你的面相很不好，今生不但没有希望考取功名，而且眼光外浮，纵纹入口，是乞食街头、饥饿而死的面相！"裴度听了，非常伤心，整天垂头丧气，连教书都无精打采了。

几天后，裴度途经香山寺，见寺里有位妇人跪在佛前喃喃祈祷，祷毕匆匆离去。

这时，裴度无意中发现香案上有个包袱，觉得奇怪，便走上前去，打开一看，里面是一条翠玉带和两条犀角带。他想这一定是刚才那位妇人遗下的，便坐待失主来取。

直到傍晚，那位妇人才满头大汗，气喘吁吁而来。那妇人匆匆进门，扫视香案一遍，不禁放声大哭。

裴度上前问她可丢了什么东西，妇人哭着说："家父病重，家产当尽，才请到名医，略有起色。今天早晨，我特地去亲戚家借到一条翠玉带和两条犀角带，准备典押，买药救父。途经此寺时，顺便进来为父祈祷，不料心慌意乱，竟忘记带走包袱了。等我到了当铺，才发现包袱未带在身边。如今包袱已失，无钱救父，家父一定无法活命。家中尚有家母和弟妹待养，这可怎么办啊！"说罢，又大哭起来。

裴度见她如此说，知道香案上的包袱确是她的，急忙说："莫哭莫哭，包袱在此。"

妇人接过包袱，千恩万谢而去。

经此一事后，裴度想："这位妇人未读过什么书，尚知孝父。我满腹诗书，如果长此颓废下去，怎能对得起父母呢？"于是，他重新振作起来，一边教书，一边继续苦学。

后来，裴度不但考取进士，还做了宰相，为国家安定作出了巨大的贡献。这说明即使面相不好，只要充满信心，不懈努力，还是可以改变命运的。